一句話，讓你重新再出發

泰戈爾給你的5堂人生課

暢銷勵志心理諮商師
黃德惠／著

序

你若願意，人生就如夏花般絢麗

每每經歷挫折，周遭人總會嘗試用言語來撫慰我們的心，或是希望能給我們一些解決問題的線索。而這些話語有時真會讓原本一籌莫展的我們霎時想通。

同樣的道理，在閱讀過程中，我一遇到有用的句子就會立刻抄錄，而這個習慣為我帶來莫大的助益。心情不好或是遇到雨天時，我就會把這份筆記拿出來，重溫這些精采的句子，藉此提振自己的精神，面對明天。

二十世紀，這個曾被歷史學家霍布斯邦（Eric John Ernest Hobsbawm）譬為極端的年代，它所經歷的戰爭、疾病以及飢荒，可以說是超越了人類文明歷史的極致。泰戈爾（Rabindranath Tagore）身處的年代就是這樣的動盪不安，他出生與成長的國家——印度——亦如是。印度的人口數次於中國，但是它的土地面積卻遠小於中國。如此地狹人稠的國土裡，有佛教、婆羅門教，以及因為殖民而來的回教與基督教。人民除了得面對宗教信仰的差異，還有種性制度的不平等，更別提因為貧富差距而引發的衝突。

即使處於這樣瞬息萬變的時空背景，生活在這樣不安憂愁的土地上，泰戈爾依然能夠培養深沉內斂的思考，並從這些混亂的變化之中，找到人生的定向。他用盡一生去尋找祥和的精神世界、為人們謀取更美好的生活方式，他在這個殘酷黑暗的時代中，鍛鍊出圓熟的智慧，自己決定自己的生命深度。

泰戈爾的字句彷彿蔓延的藤蔓，表面只是幾片綠葉或嫩芽，但順著藤蔓摸下去，總是會找到成熟碩大的果實。撰寫此書的我其實也同是在尋找這些結實累累的思想碩果，並只能在有限的篇幅裡略舉一二，期待讀者們能夠再深入找出更多驚喜、更多收穫。

我始終相信，每個人都有能力去改變自己的人生。

改變的關鍵就掌握在各位的手中，在這個世界上，唯有你才有權力去詮釋自己的生命事件，也唯有你可以選擇要怎樣走下一步，決定如何度過今日的二十四小時。當你感到悲傷絕望時，不妨閱讀此書，告訴自己：「我可以振作，只要我願意。」

黃德惠 謹識

【關於羅賓德拉納特·泰戈爾】

泰戈爾出生於印度加爾各答的望族，而當時的加爾各答是英屬印度的首都。天真善感的泰戈爾八歲即開始寫詩，十五歲時便發表敘事詩《野花》。他的一生文學著作豐碩，不僅出版了五十餘冊的詩集，亦涉足小說、散文與劇本等創作領域。從他的創作裡不難看出，這位東方的詩哲對於自然與生命的熱愛，對於愛的禮讚，對於家國文明的灼熱情懷，對於宗教偏見與道德陋習的忿忿不平。

1861 年 5 月 7 日生

出生於加爾各答市的喬拉桑戈家中，排行最小。其父親為印度著名宗教改革家戴文德拉納特森·泰戈爾。

1875 年

母親夏勒達·黛維去世。同年，於《知識幼苗》文學雜誌發表第一篇詩作《野花》，但泰戈爾認為，在《暮歌集》（完成於 1882 年）之前的詩作都應該丟棄。

1878 年

赴英國研習法律，後進入倫敦大學學院。

1880 年

返國，專注於文學活動。

1883 年 9 月 11 日

與默勒納利妮·黛維結婚。

1886 年

發表《新月集》，詩集裡描繪的兒童形象有如天使般可愛，泰戈爾因而被譽為兒童詩人。這期間，他亦撰寫不少反殖民的政論文章。

1913 年

在愛爾蘭詩人葉慈的鼓勵下，泰戈爾親自將他的《吉檀枷利》（意即「飢餓的石頭」）譯成英語，並以此成為首位獲得諾貝爾文學獎的東方文學家。

1915 年 7 月 3 日

英國授予「爵士」的封號。

1916 年

發表英文詩集《採果集》和《漂鳥集》。

1919 年

不滿英國殖民當局屠殺印度人民（阿姆利則慘案），因而放棄「爵士」封號，為第一位拒絕英王授予的榮耀之人。

1941 年卒

發表最後一次控訴英國殖民統治的公開演說《文明的危機》，數個月後與世長辭，享年八十歲。

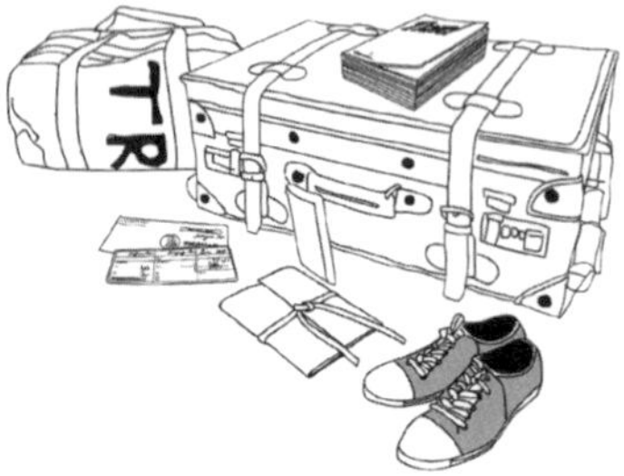

第一堂

如果你厭倦了長大

擁抱童年的自己，重新尋獲對宇宙萬物的嚮往。

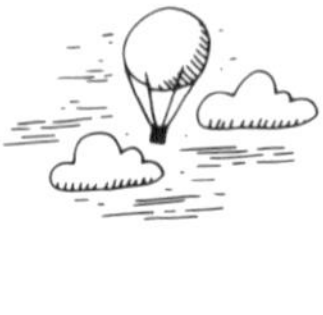

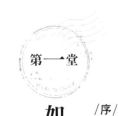

第二堂

如果你找不到成就的契機

無論你從哪裡發芽，總有時機成熟的開花之時。

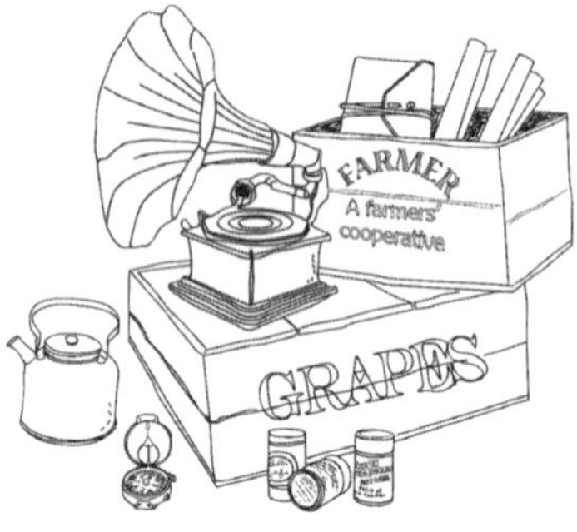

第三堂

如果你的心因現實而委屈

重塑價值金字塔，讓人性光輝斥退黑暗心境。

第四堂

如果你的感情之路充滿波折

放下對擁有的執著，真愛足以為你征服一切。

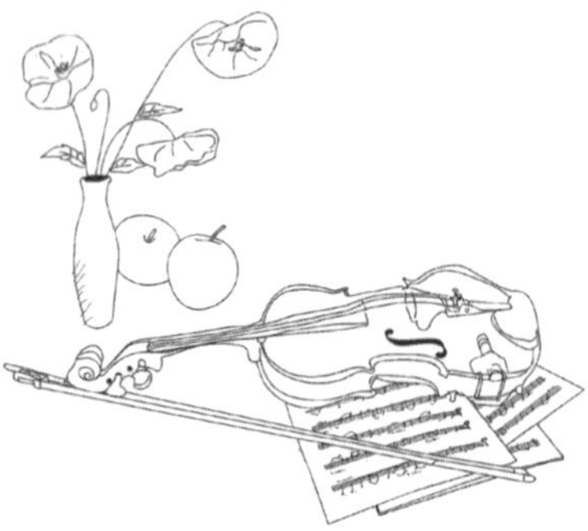

第五堂

如果你對人生感到失望

把持心靈的火把，就能抵達夢想的彼岸。

第一堂

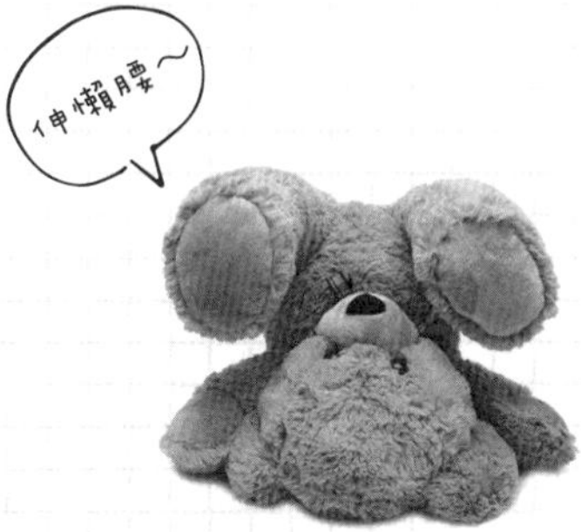

如果你厭倦了長大

擁抱童年的自己，重新尋獲對宇宙萬物的嚮往。

神等待著人在智慧中重拾他的童年。

專注於事物的本質，享受做每一件事情的過程，你的收穫就不是成敗得失可以衡量，這種從過程中得到的喜樂與滿足，才是真正的收穫。所以你不僅要藉由智慧重獲對生命的期待，更重要的是——你要擺脫對一切事物的既定認知。

夜闌人靜時，我們的思緒偶爾會飄至以前的時光，想到過往發生的事，有時會懊惱道：「當初我如果這麼做就好了。」但是誰也無法回到童年，因為時光一去不復返。泰戈爾的這句話，並非要我們行為舉止像個孩子或感嘆逝者如斯，而是希望人們重新獲得純真的赤子之心。

隨著年齡增長，人漸漸地被外在的物質環境綑綁住，再也感受不到對於生命的熱情。然而豐盈的生命從來沒有消失，是人們自己遺忘了那顆最初的心。所以只要我們返回初衷，像個孩子般以新奇的眼光看待世界，不再任由成見與現實侷限自己的思想，並始終保持一顆喜樂的心，生命裡無處不是天堂。

透過智慧重尋你對生命的期待。

當仍是孩童的我們被早晨的陽光喚醒而睜開雙眼時，世界的齒輪即重新開始轉動，今日又是嶄新的一天。我們對所有的事情感到好奇，對萬事萬物充滿熱情。可以這麼說，童年的我們好像時時刻刻都充滿活力，一心渴望去探索新世界。反觀現今的自己，一早起來就要工作，不得不面對繁雜瑣碎的人生問題，時常感到疲憊不堪，跟孩提時代相比，真是天差地別。

正向心理學之父馬汀．塞利格曼（Martin E.P. Seligman）在他的著作《真實的快樂》之中提到，孩童在五歲以前都是無可救藥的樂觀主義者，因為他們會一直對明天抱持希望。塞利格曼以自身為例，指出在他與妻子離婚的過程裡，年幼的孩子幾乎天天問他：「你跟媽媽今天會和好嗎？明天會嗎？幾時會和好？」雖然塞利格曼心裡清楚，他們夫妻的關係已經破滅，離婚已成定局，但他無法對一個五歲的

孩子解釋何謂「不可能」，因為孩子永遠不會對任何事情徹底地絕望。他們會經歷挫折，也許會覺得沮喪，可是不會放棄希望，因為孩子從不認為這世界上有什麼事情是不可能的。

不過孩童終會長大，將漸漸地知道何謂成敗，並從無可挽回的錯誤中認識到「不可能」的殘酷。我們知道死去的親人不可能再復活；過去浪費的光陰是不可能回來。在這樣的情況下，我們長成人，對明天不再充滿期待。

於是人們不免產生疑問，如果未來我們一定會經歷許許多多的苦痛，諸如親人逝世、戀人分手、經商失敗，甚或是慘遭橫禍，那麼生命怎能稱之為美好呢？人生又怎麼會是快樂的？

「神等待著人在智慧中重拾他的童年」並不是希望人們皆像孩子一般天真，成為樂觀主義者，而是期待人們透過智慧去體現童年的心境，期許我們用智慧去衡量自己的生命。一旦我們從生命的累積中獲得圓熟的智慧，並以此面對生命給予我們的種種難題，就不難體認到，世間所有的經歷不過是相對而言，有離別的苦痛，才會有重逢的喜樂。

而此時，我們便得以重獲童年的笑顏。

純真之心是人類的寶貴資產、一種正向看待世界的力量，唯有智慧能阻止恐懼奪走它，不讓世俗使它變色。

智慧即是拋開智識的侷限。

印象派畫家畢卡索（Pablo Ruiz Picasso）早期的畫作非常精緻，風格宛如義大利的拉斐爾（Raffaello Sanzio），充滿精雕細琢的線條與逼真均勻的色彩，但後來則越發活潑大膽，獨樹一格。他這麼說道：「我曾經像拉斐爾那樣作畫，但是我卻耗盡終身的時間學習如何像孩子那樣畫畫。」

畢卡索認為，唯有孩童才真正是在繪畫，因為他們作畫的當下，是努力地表達自己發自內心覺得美的事物，滿腦子想的是該怎樣畫才會更美。相反的，成年人則會去思索名聲或是舉辦畫展之類的事情，於是不再這麼專注於繪畫上頭，畫起來也就不灑脫。換言之，畢卡索的意思並非指孩童的塗鴉之作才是藝術，而是點出自己欣羨孩童能夠以純真的心思看待世界，所以他也不願再沈溺於成人世界的紛擾，決

定專心看待眼前美好的事物。

當一個人不再只是惦記著成敗得失，而是專注於事物的本質，享受做每一件事情的過程，他所得到的收穫就不是成敗得失可以衡量的，這種從過程中得到的喜樂與滿足，才是真正的收穫。所以你不僅要藉由智慧重新獲得對生命的期待，更重要的是——你要擺脫對一切事物的既定認知。

這大概也是「見山是山，見山不是山，見山又是山」的道理了。

對年幼的孩童來說，吃飯就是吃飯，因為肚子餓了所以吃飯。但是隨著生命經驗的累積，智識慢慢地增加之後，人們的想法就不再那樣地單純，吃飯不僅是吃飯，吃飯代表了許多不同的意義，吃飯變成一門學問，吃飯的背後暗藏玄機。可以這麼說，人們獲得了智識，卻也因為這些智識侷限了自己的思路，忘記吃飯的初衷，越想越細，越想越龐雜，結果生活裡充斥著不平之氣。然而吃飯不過就是吃飯啊，實在不必多想。

因此，你不妨試著撇開現實利益、拋開人生經驗與智識的侷限、跳脫被世俗限制的價值觀，重新以澄明的心境看待世界。你會發現，一旦自己從僵化疲乏的思路中解脫，為眼前的困境開闢一條活路實非難事。

而這，就是智慧的表現。

名人語錄

純真質樸很可貴，我喜歡一直保持著。

——臺灣導演，李安

我並非因為他好，才愛他的，只因為他是我的寶貝。

我們得以活在這個世界上，就是一種愛的實現；也因為有人先愛了我們，我們得到愛人的力量。更進一步地說，每個人都有這種愛的本能，可以去愛人，可以如同別人愛我們一樣去愛別人，只要我們願意的話。

母愛之所以偉大，乃因它是一種無條件的愛，它並非必須基於什麼條件之下，才會存在的愛。世上沒有一種動物的成長期像人類的這麼長，一個人要可以獨立，約莫需要十八年，但其他的動物可能一出生就得靠自己。所以為了讓人這個物種得以延續下去，人類的母親特別偉大，因為她不僅疼愛自己的孩子，同時也必須花費十幾年的光陰養育孩子。講白了，如果沒有母親或是其他養育者付出極大的關愛，無人能夠平安成長。

當你赤手空拳地降生於這個世界，給你溫飽，讓你在安全的環境裡成長，並且教育你，讓你具備生存能力的愛，就是無條件的愛。孩子是心頭的一塊肉，所以母親照顧自己的孩子，不是因為她希望孩子未來可以為她做些什麼，或是她有預知能力，能夠知道這孩子未來的成就。她照顧這孩子，僅因為愛；她無私的奉獻，就是因為愛。

愛得以彌補生命的缺憾。

悲劇如同驟雨，不分對象，不分晝夜，隨時都可能降落在每戶人家的屋瓦。

諾貝爾文學獎得主大江健三郎之子，出生時被醫生發現後腦長了一顆腫瘤，經過多次手術後才勉強保住性命，但這個孩子卻因此嚴重智能不足，終其一生都必須有人照料。大江健三郎在文章裡回憶道，替兒子取名的過程中，他曾這麼告訴自己的母親：「我已經想好了，就叫**烏鴉**這個名字。大江烏鴉就是你孫子的名字了。」

這句話讓孩子的祖母憤怒地轉身離開。

然而，隔日大江的母親就妥協了，她琢磨只要兒子願意照顧這個不幸的孫子，

取什麼名字又有什麼關係。大江這也才向母親表達歉意，說道：「昨天是我的不對，我已經把孩子的名字改成了光。」

大江健三郎細膩地描述自己於這段期間裡天人交戰的感受，他明白地道出自己對孩子注定悲慘的一生感到嫌惡，對想要與孩子同歸於盡的想法感到自責，他直逼內心的自我，殘酷地面對人性裡無限深沈的黑暗與軟弱，直到愛戰勝一切。

其實這是許多身心障礙者的父母共同的悲劇，這是他們內心深處的真實寫照，只是如此的不幸恰好落在一位作家身上，而他以洗鍊的筆法將感受轉譯成一般人皆能明白的文字，深深感動了讀者，讓人們更加珍惜自己與家人的平安。

世間裡有一種力量，它能夠扭轉現實、製造奇蹟，它可以將帶來噩耗的烏鴉變成生命的光。人性無疑都有自私黑暗的一面，但愛就是如此強大，得以讓光明的那一面浮現。

我能愛人，是因為有人先愛了我。

無論孩子健康與否，母親都願意陪伴自己的孩子度過一生，直到最終的那一刻才肯放手。但這不代表非懷胎十月所生的孩子，就不是母親的寶貝。

有一次，一群孩子聚在一起討論自己的媽媽。其中一個孩子冷不防地問道：「什麼是收養？」

有的孩子偏著頭想，有的提議問老師，但此時有一個孩子卻直接說道：「收養就是，不是從媽媽的肚子裡長大，而是從媽媽的心裡長大。」有人始終把你放在心裡，這就是愛。因為世上有這種愛，每個人的生命才能圓滿無憾。

因為經歷了這樣的愛，所以我們明白如何去愛別人，懂得以這樣的愛去愛眾人，關心更多需要關心的人。

每個人的一生裡或多或少都承受過他人的善意，即便是從小在孤兒院裡長大的孩子，他們有來自各界的善心捐款，也有人提供衣食，甚至在地球上飽受戰亂的角落，仍有來自世界各地的人道救援組織工作者，不怕槍林彈雨，冒著生命危險地為他們貢獻心力。

我們得以活在這個世界上，就是一種愛的實現。也因為有人先愛了我們，我們便得到愛人的力量，更進一步地說，每個人都有這種愛的本能，可以去愛人，可以

如同別人愛我們一樣去愛別人，只要我們願意的話。

因此，在最壞的情況下，當你覺得自己的心被掏空了，想想過去曾經愛過你的人。他們愛你，不是因為你必須要做什麼來滿足他們，而是他們真的視你為生命中的寶貝。你的手中握有扭轉現實、創造生命奇蹟的鑰匙，那就是愛。

名人語錄

家是世界上唯一會隱藏人類缺點和失敗的地方，但它同時也蘊藏著甜蜜與愛。

——英國劇作家，蕭伯納

隨隨便便地做好事，錯事好事都不放在心上。

人沒有絕對的好壞，人心總是善變的。人都會有點頑皮，有時會闖禍，大凡人都這樣，不是特別圓滑的話，缺點就容易被發現。有時會做出一些讓人生氣的事情，但只要本質不壞，總是能讓人接受。

人們在審視一個人的時候，往往靠著太近。對方畢竟只是一個人類，如果你把他置於解剖台上細察，當然不難挑出許多錯誤、許多惡性。但是，如果你遠遠地看著他，完整地看著這一個人，自然就能看見他可愛的一面，進而原諒他的小缺失、理解他的不完美。

佛教的思想強調圓滿，沒有絕對，一個人會做好事，也會做壞事，依循這個人的本性來走，心才是一切根本的源頭。如果一個人能反璞歸真，回到自己最初良善

的心，從這樣的心所發出來的事情，自然而然就會往良善的方向走去。就像喜歡陽光的豆子，一旦脫離黑暗的土壤，便朝陽光生長。

人應該要重視自己心裡懷抱的念頭，是善意還是惡意，如果心裡有善意，自然而然就會做出好事，這樣的好事也是做完之後就忘了，不會擱心裡，只為期待別人的好事。如果是個無心之過，但出發點屬良善的話，能彌補就彌補，不能的話也別過於苛求，要適時的寬恕自己，放自己一馬。

無心的善意特別真誠可貴。

許多時候，好事是出自一個人無心的善意，這種無心的善意所帶來的漣漪，往往能讓多數人獲益。反倒是有些人刻意表現出慈善的樣子，但實際做出來的事情卻是圖利自己的層面居多。

回想自己的童年，若是我看到路邊無家可歸的流浪動物，就會把自己的零用錢掏出來，買罐頭給牠吃，在旁邊嘀嘀咕咕地要牠小心壞人。這種善意即是油然心起的，沒有半點勉強刻意。一個人不需要強大到足以成立流浪動物組織，或具備什麼幹大事的能力與財力，只要擁有像孩子這般無心的善意，就可以幫助自然萬物。雖然沒有人知道今天做的這件事情，他日會有怎樣的結果，但即使是一件眾人以為的錯事，只要裡頭包含善因，往往就會結出善果。反之，如果一件事情，即使是一件眾人以為的好事，只要裡頭包含惡因，日後終究會結出惡果。

你不妨現在細數，自己在生活裡究竟承受了多少人的無心善意，才能擁有平安與快樂的一天？

走在街道時，有禮讓的行人，你才可以安心過馬路；中午吃飯時，因為小吃店的廚師用心燒飯，你才可以安心吃飯，然後充滿元氣地繼續午後的工作。諸如此類，這世界上有許許多多的人都在默默地做好事，他們踏踏實實地把手邊的事情做好，除了領取薪資報酬之外，更有一份渴望藉由工作來奉獻的善念。這樣的善念尤其可貴，這份無私且不求回報的好意默默地守護著你和我。

當人們心存善念，自然就想為手頭上的事情多盡一份心力。反過來說，假如今日你是一位廚師，當你心裡想著人們等著要吃這頓飯，就會鼓舞自己用心烹調，這個善念一起，後面的好事隨之發生。至於用過餐的客人，是衝到廚房裡握住你的手

表達感激，或是到處向人抱怨菜太鹹，這好像也不是什麼重要的事情。你只要盡力把事情做好，嘴長別人身上，由人說去。

讓善意成就更多的善意。

佛教的重要經典《法句經》裡頭，有段話是這麼寫的：「心是諸法的前導者，心是主，諸法唯心造。若以邪惡之心言行，痛苦將跟隨著他，猶如車輪跟隨拉車之牛的足跡。」這段話說明，人的痛苦是來自於邪惡之心，如果一個人心存惡念，身體就會像車輪一樣，跟隨拉車的牛走去，走到壞的地方去，最後衍生出許多痛苦。既然心是身體的主人，如果一個人有清淨無邪的心，快樂就會如影隨形地跟著他。

人心是自己快樂與痛苦的來源，而心裡所想的也會顯現於外在的行為。因此，只要你心裡想的是好事、心懷善意看待生命，自然而然就會表現出善行，而善行會影響更多的人，因為當別人感受到你善行背後的善意之時，他們往往也會予人善行。這便是善的循環。

但若是你遲遲無法放下心裡的痛苦與悲傷，因而衍生出惡念、對於別人充滿惡念，就會產生許多惡行惡狀，不僅使自己令人討厭，同時也帶來許多惡果。一旦周遭人承受了這些惡行的結果，即會表現出對應的仇惡，進而波及到其他人，世間遂生更多的惡意與惡行。

當下唯有你可以終止這樣的負面循環，將惡意轉為善意，然後傳遞下去。

名人語錄

人心生一念，天地盡皆知。善惡若無報，乾坤必有私。

——中國小說家，吳承恩

你總能用隨手所得創造歡樂的遊戲，我卻把時間與精力耗費在我永遠得不到的東西上。

為什麼人不能把自己的一天當作冒險呢？為何不試著從生活中找到樂趣？工作也可以變得有趣，只要你願意用一點創造力去改造自己的工作。想像自己正在對抗來自老闆與客戶的黑色勢力，其實就能讓生活多點樂子。

孩童有一種可貴的創造力，他們總能在小事上找到樂趣；若我們仔細看孩童遊戲，不難發現他們只要拿到一堆葉子，或是幾顆石子，就能夠玩起來了。

但是長大之後，我們孜孜矻矻地工作，努力地尋找人生的意義，每天想到要做的工作堆積如山，就連起床都覺得困難。總覺得才剛完成手邊的任務，後面卻還有更多的繁雜鎖事等著自己。不管你與我的人生指針指向何處，生命裡的每個段落總有無盡的責任與義務。

所以，我常在夜裡問自己，我到底每天都在幹些什麼？

耗費這麼多時間與精力所追求的又是什麼？

為什麼滿足三餐溫飽之後，就是無止盡的虛榮與欲望？

為什麼自己的想法也越發現實，心心念念地總是賺多少錢這些事？

……

這些催逼人們沒命似的工作的無形壓力，多是來自於追求現實生活中無法填滿的欲望，以及永遠得不到的虛榮。泰戈爾的這句話正是感嘆，看著孩子總是可以輕易地從生活中找到樂趣，自己卻好像老把精力和時間放在追求永遠看不到結果的事情上，到底是何苦呢？

創造力是為生活增添色彩的畫筆。

成人常會被現實框架限制，而看不到生活有趣的一面。我曾經讀過一則故事，其中一段母子的對話格外有趣，在此摘錄與你分享——某日夜裡，一個男孩跑到忙碌的母親身邊說道：「媽媽，我在抽屜裡養了一隻魚。」

但是男孩的母親正忙得焦頭爛額，所以男孩等了一會兒後就跑開了。後來，母親總算忙完，她心想孩子大概是在市集上買了一隻小魚回來，於是問孩子：「你有沒有替魚換水？」男孩搖頭。

母親又問道：「你有沒有餵魚吃飼料？」男孩又搖頭。母親心想魚大概兇多吉少，沒水沒食物，魚怎麼能活？大概是孩子好玩買回來的，買回來之後也不懂得照顧，就丟在一旁了。

媽媽最後無奈地問：「魚是什麼時候買的？」

男孩說道：「四年前。」

這位母親感到頭痛，不知道孩子究竟在說什麼，於是叫他趕緊把魚拿來，好看看魚是否還活著。只見男孩小心翼翼地捧著魚，眼底還閃爍著開心的亮光，他對母親笑著說：「它不用換水和吃飼料。這是你買給我的。」母親一看，原來是自己多年前買給孩子的水晶魚吊飾。

這即是大人與孩子的差異。為什麼只有活的魚才能養，有些可愛的魚也可以在人的幻想中活得好好的，甚至更自由自在。請你想想童年的日子，你是否曾想像自己日後會展開一段冒險生涯？你是否曾在自己的房間裡蓋出夢想的碉堡，實際上建造的材料只是一疊書或被子，散落一地的棋子即是衛兵？

無論是誰都可以再度回到這樣的時光裡，只要你不再受到現實的侷限，不要再企圖去填滿欲望的深淵。當你不需要購買昂貴的名牌，就可以省下許多精力去做自己喜歡的事情，這些事花不了多少錢，也占不了多少時間，卻能帶給你很大的樂趣。創造力就是生活的畫筆，別吝惜使用它，只要你輕輕一抹，它就可以為你的精神世界帶來許多色彩。

孩子與成人最大的差別就在於，他們用心用力地過好每一天，每天沒有玩到筋疲力竭不會回家，然後帶著一抹香甜的微笑入睡；成人則是每天拖著疲憊的步履返回家中，感慨一天又過了，然後看著重播的電視劇入睡。為什麼你不能把自己的一天當作一場冒險呢？為何你不能試著從生活中找到樂趣？

工作也可以變得有趣，只要你願意用一點創造力去改造自己的工作。想像自己正在對抗來自老闆與客戶的黑色勢力，竭盡全力地化敵為友，其實就能讓生活多點樂子。給自己找點樂子，不是孩童才能擁有這種樂趣，每個人都可以，只要你願意

拋開自己不知變通的思想，花點心思去看待這個世界。

實現夢想需要勇氣。

電影《白日夢冒險王》的主角華特任職於《生活雜誌》的底片影像部門，他的歲月就在平凡的記帳事務中度過。華特唯一的嗜好就是做白日夢，無論是幻想自己以帥哥的姿態征服冰河，或是化身超級英雄，從爆炸的大樓裡救出小狗，華特用這種方式應付自己一成不變的單調生活。

不幸的是，《生活雜誌》即將從紙本雜誌轉型為網路雜誌，全公司面臨人心惶惶的大裁員，而且最有可能第一個被裁撤的就是底片影像部門。火上加油的是，華特此時偏偏又弄丟了最後一期的雜誌封面底片！經理限華特於期限內交出底片，否則就立刻捲鋪蓋走路。所以華特面臨現實生活中最大的考驗——他必須自己去尋找那位不知身在地球哪個角落的攝影師。

攝影師現在人在何方？

據一個不太可靠的線報指出，他現在人在冰島，那個華特只有在幻想世界裡才會去的國家。於是，華特只好鼓起勇氣，走到機場櫃台買一張直飛冰島的機票。僅僅是這麼簡單的一件事情，卻是華特在心裡想了很多遍，而一直沒勇氣去做的事。當飛機飛上雲霄，直接朝向華特的夢想之地出發，他的人生從此不再相同。

這部電影打動人心之處，也正是許多過著無奈且無聊生活的人們產生共鳴的原因——人們心底都有改變的渴望。

因為華特的生活就是多數人的生活，人們即使不滿意現下的日子，覺得現實既無趣又痛苦，卻沒有勇氣做出改變，雖然這個改變不過就如同買一張機票一樣容易。確實，跨出關鍵的一步是極度困難的事情，但是人對於自己的生活本就該更積極、更主動，不是嗎？

你其實擁有人生的自主權，千萬不要任由現實改變了你。

孩子不會問大人：「請問今天我要做什麼？」往往是他們被大人逼著做什麼，而逼久了之後，也就覺得人生沒有自己做決定的空間，於是感到疲憊，變成一個不快樂的小大人。現在，你對這個世界已經有更深的認識，不會犯下許多孩子才會犯的錯，所以你更應該重新規劃一個適合自己的目標，然後立刻去做。換句話說，人

生行至此處，你比小時候的自己更是個行家，所以不妨多加善用這些年來學到的智識，好好琢磨自己真正想要的事物、真正想要追求的人生目標，並以此重新替自己充電，然後再勇敢地出發！

名人語錄

人生沒有彩排，每一天都是現場直播。

——中國實業家，馬雲

天堂找到了，我的孩子，就在你甜美的身軀內，在你跳動的心房中。

人要學著讓自己快樂，知道那些悲傷的事情已經過去了，未來還是會有其他開心的事情。沒有人照顧或扶持，不等於不幸福，人長大了就有能力可以照顧或扶持他人，可以為自己與他人創造更多的幸福。

那日，母親看完急診，躺在暫時觀察區的病床上，而我則坐在一旁看護。相隔一個床位的患者是個年約五歲的女孩，正因護理師將點滴的用針刺進她的血管而哇哇大哭。她的母親帶著襁褓中的嬰兒之外，同時又得忙著安撫可憐的她。

苦難的程序結束後，護理師送給女孩一張貼紙，並貼在她的手臂上。沒想到，女孩不一會兒就彷彿忘卻痛苦地坐起身來，模仿護理師的動作，要她的母親伸出手，因為她也想把貼紙貼在母親的臂上。女孩大概覺得母親就像她一樣痛苦，極需

人安慰，於是她不斷地重複這個動作，如同剛才的事從沒發生過。

這就是孩子，如泰戈爾所說，他們接收快樂的速度，比感到悲傷還來得快，所以天堂般的美好就在孩子的心中。

學習關心問題，而非憂慮問題。

孩子需要長大，長大的過程中必定會經歷很多苦痛，所以他們得要遺忘很多不開心的事才能繼續往前走。長成人之後就反過來了，想要忘記苦痛變得越來越難。

從人類的生理機能來看，這件事再清楚不過了。成長過程中，孩童的大腦會分泌許多傳導物質，例如生長激素，在這些激素的作用下，身體對於骨骼成長與肌肉斷裂的疼痛忍耐度會增加。此外，在十一歲以前，掌管記憶的大腦中樞區域會壓抑負向的訊息，讓孩童可以忍受更多學習過程裡的挫折。但過了青春期之後，身體的激素會趨於穩定，腦部結構也慢慢固定下來。而這正是因為，成人必須記取教訓，才得以在現實社會中生存。換言之，我們於生活當中所經歷的苦痛，就是記取教訓的重要基礎，因此成年人記住壞事的時間往往比好事更久，也更清楚。

然而可悲的是，人們常常記得苦痛，卻忘記教訓。想要能像孩子一樣快樂，無疑得要學習忘記苦痛的本事——記住教訓，但忘記苦痛。

諾貝爾經濟學獎得主康納曼（Daniel Kahneman），同時是位認知心理學家，他在著作《快思慢想》裡提及，人們在思考時有兩套系統，一套系統是冷的，由負責認知的前額葉所主宰，另一套系統是熱的，由負責情緒的杏仁核所主宰；面對不同屬性的問題時，人們會交替使用這兩套系統。遇到需要緊急處理的事情，就使用熱系統，因為這些事情往往與生死存亡有關，必須快速應對；但當人們遇到需要深思熟慮的事情，則會使用冷系統，例如決定自己是否要換工作之類的事情。

也就是說，人們第一時間收到的訊息通常是混亂的，所以會先以熱系統去快速處理，不過冷系統同時也會慢慢理出頭緒，並從熱系統手中將訊息承接過來。舉例來說，當你因為違規停車而被警察開單，熱系統就會立即反映，先表現出高昂的情緒（可能是緊張，也可能很憤怒，視當下的情況而定）。然而過了一陣子，你的冷系統則會承接這件事，接著處理關於罰單的問題。雖然每個人的大腦結構不盡相同，有些人的熱系統比冷系統發達，他們往往更情緒化，有些人的冷系統比較發

達，很快地就能冷靜下來，但即便有這樣的先天限制，並非意味著你不能改變。

首先，你可以試著去了解自己面對問題時的反應，你究竟是比較關心問題帶給自己的困擾，還是更常思考該如何解決問題？如果是前者，你要告訴自己：「當我一心惦念著眼前必須解決的問題有多麼令人煩惱，其實對於解決問題並沒有任何幫助，不如停止專注於眼前的損失，暫且抽離被問題引發的情緒。一旦腦子可以專心思考解決之道，並且確實地將之落實，我也沒什麼好憂慮的了。」

記住幸福，不如創造幸福。

小孩子跌倒了，哭一會兒就不哭了，回頭繼續遊戲；有時候喜歡纏著父母撒嬌，有時候嘟著嘴跟父母親賭氣。他們的經歷尚淺，明白的事理也還不多，仍需要他人的扶持和照顧。在尚未擁有記憶的階段，孩子無憂無慮，不是因為他們沒有憂愁、沒有痛苦，只因為他們能夠忘卻一切的不愉快。

這是孩子的特權。

他們有父母的照顧，所以過著幸福的日子；因為他們還小，大人對他們所犯的錯總是百般包容。然而這不意味著人們長大了，就失去快樂的權利，而是要主動去學習什麼是快樂，學著讓自己快樂，知道那些悲傷的事情已經過去，未來還是會有其他開心的事情。記住，沒有人照顧或扶持，不等於不幸福，人長大了就有能力可以照顧或扶持別人，可以為自己與別人創造更多的幸福。

成長，意味著你會漸漸地有更多與自我相處的經驗，所以你應該懂得關心自己，並且盡力了解自己，進而成為自己最好的幫手；善用自省，傾聽內心那些隱蔽不想對人說的話。就如同科學家找出問題的答案一般，你要先列出自己目前最需要解決的問題，觀察自我的情緒表達方式，然後細究這些情緒表達法，又為你帶來怎樣的後果。如果是會引發不良結果的情緒表達法，你此後就應該避免。例如你總是在憤怒之中打罵他人，事後才懊悔不已。解決的方法就是，平常就去思考那些會讓你感到憤怒的事情之於你的意義。最後再告訴自己：「除了打罵以外，我還有其他選擇，這些選擇所帶來的結果，都可能更好。」當你如此關注自己的生命，就是在幫助自己，而這也是認識自己的最佳辦法。

這不正是蘇格拉底（Socrates）所說的「智慧來自於認識自己」嗎？

從現在開始，你要盡力阻止自己被負面的情緒主宰，而將心思用在思考如何讓自己活得更快樂。畢竟，你並不受制於人，並且比孩子更有能力去改變自己生活；你比孩子更有能力為他人創造幸福，不僅僅是擁有幸福而已。所以，你要學習成為更好的人，帶給他人更多的正向力量。

名人語錄

真正的幸福，只有當你真實地認識到人生的價值時，才能體會得到。

——科威特作家，穆尼爾・納素夫

要學孩子們，他們從不懷疑未來的希望。

我們還有一個應對未來抱持希望的理由，那就是人並不孤獨，沒有人應該是一座孤島。只要你願意對他人敞開心房、願意付出，不難發現身邊總是有人陪伴著你。許多人覺得自己孤立無援，覺得自己的生活難以改變，但他們都忽略了一件事，他們並沒有善用群體的力量。

從孩童遊戲的過程中，我們可以感受到泰戈爾所寫下的這句詩。

在遊戲的過程中，無論是他們小心翼翼地搭建的城堡垮了，或是他們被千奇百怪的壞人給打敗了，這都會影響他們的興致。他們會央求你再重來一次，再給他們一次機會，因為他們總相信自己下一次進攻就會贏，或是在下一次的冒險中自己就能發現新的事物。

也許孩子們會沮喪一會兒，稍微想想自己為什麼會輸給其他人，但只要興致還在，他們就不會停止嘗試。孩子從來不會放棄希望，在他們的心裡，什麼事情都能夠重新再來過。

成人卻經常一遇到挫折就輕易放棄，對於未來的不確定性充滿恐懼。因為我們知道很多事情無法再重來，有些機會一旦錯過就不再。所以，我們會忌憚再次嘗試，唯恐又多苦嚐一回挫折。畢竟人的一生中要經歷的風浪太多了，求學過程、求職過程、感情歷程等等，每一段生命都伴隨難以避免的沮喪與壓力。而當這些巨大的陰霾籠罩著我們，總不免令人懷疑自己的未來是否仍有希望。

此時，你要以孩子的目光看待世界，你要知道，這世界上沒有那麼多致命的錯誤。更何況，如果有些事情注定會發生、誰也無法挽回，既然這些該來的事情誰也躲不過，那你何不放大膽，樂觀地看待未來？

要學孩子們，對生活充滿興致，相信自己來到這個世界上是為了做點自己喜歡的事，是來享受自己的生命。

遍尋不著解決問題的方法，就接受它。

人們之所以不停地擔心未來可能會發生的事，原因就在於我們希望防患未然。但是未來值得憂慮的事情太多了，我們實在不該日夜活得戰戰兢兢。換個角度想，如果未來的事情超出自己的能力範圍，那麼擔心也沒有用，況且大多數的事情其實仍落在我們所能承受的範疇裡。只要我們相信自己有能力去承受那些該來的事，只要我們鼓起勇氣去對抗迎面而來的一切困難，定能找到解決的方法。倘若真遍尋不著，那我們就該接受它。

人一旦接受了難題，就會產生意想不到的力量。那時我們將能夠平靜地看待它，然後試著降低它可能造成的傷害。

以往的心理學者總是嘗試幫助人們從痛苦中解脫，好因應生活裡所有可能引發挫折感與壓力的事情。但是可能引發人們負向感受的事情實在太多，研究完憂鬱的因素，又會有焦慮的情形，這些壓力事件所包含的面向壓根數不清。因此，心理學者們改而尋找一種人們可以自行產生的內在力量，讓人們自己能夠形成正向意念去對抗這些負面的事件。

累積許多實證研究之後，心理學者們證實，就像身體具有免疫系統，人們其實也有一套心理免疫系統。一旦我們遭遇壞事，引發憂鬱、焦慮、沮喪等負面情緒的時候，心理免疫系統就會自動啟動，搜尋我們於日常生活裡可能用來解決情緒困擾的想法或方法，幫助自己走出負面的思路，避免它們繼續惡化，最後做出無可挽救的行動。

然而就像每個人天生的免疫力有強有弱，身體孱弱的人免疫力自然不好，身強體壯的人免疫力則較佳。心理免疫系統也是一樣的，有些人天性樂觀，遭遇不幸之後輕易就能復原，但對於那些天性悲觀的人來說，這些挫折就會在內心徘徊不去。為何會如此呢？因為天性樂觀者除了相信自己可以應付這些情況之外，最重要的是，他們對於未來總是抱持希望，而且深信不疑。

心理學家塞利格曼接受大都會保險公司的委託，設計一種測量辦法，來尋找那些能夠容忍挫折、持續面對失敗的一群人，理由是他們最適合擔任保險業務員。在設計出測量辦法之前，塞利格曼對一些天性樂觀的人進行訪談，他問道：「你憑什麼相信自己正在做的這件事情未來一定會成功呢？」

這些人也許會勉強說出一些理由，但他們最終都會說：「我不知道為什麼，但我就是相信。」

根據這些珍貴的訪談資料，塞利格曼找出樂觀者如何維持樂觀的思考方式。他發現，樂觀者一旦遭遇困難或是不開心的事情，他們會先像說故事一般，把這些事情描述清楚，釐清它們的來龍去脈，以及真正的問題根源何在。講白了，因為事情總有好的一面與壞的一面，樂觀者會先區分出好的部分與壞的部分，並分別以不同的方式看待。

也就是說，只要我們把握住事情好的這一面，這一面的想法就會提供正向能量，讓我們不至於灰心喪志。至於壞的一面，可以解決的部分我們就立刻去解決，不能解決的部分就接受。如此一來，我們就可以大大改變自己的人生！

人生的路上，沒有人是孤獨的。

你還有一個應對未來抱持希望的理由，那就是你並不孤獨，沒有人是一座孤島。只要你願意對他人敞開心房、願意付出，不難發現你的身邊總是有人陪伴。許

多人覺得自己孤立無援，覺得自己的生活難以改變，但他們都忽略了一件事，他們沒有善用群體的力量。

社會學家鄧肯．華茲（Duncan Watts）就人際距離提出了「小世界理論」。他提到，在地球上，人與人之間只相隔六個人。用網路科學的思考模式來說，就是一則訊息只要告知六個人，就能夠傳遞給全世界。

在世界的近千萬種生物中，如此高度分工與集群生活的物種實在不多，換言之，可以組織成為社會的物種並不多，例如：螞蟻、蜜蜂以及人類。以螞蟻為例，每個蟻巢的分工都極度細密，即使是生存在沙漠的螞蟻，面對每天瞬息萬變的生態，牠們總是知道每天早上該派多少同伴去做哪些事，並把大問題分解為小問題，然後進行分工，共同解決它。而這全靠牠們錯綜複雜但井然有序的社會制度。

這就是群體的智慧。

這種智慧表現在每個存於群體的個體上，每一個個體都可以對別人和環境做出回應，形成群體的力量，共同面對環境所存在的風險。人類尤其如此，雖然為了適應環境，人們必須社會化，並為群體做出一些折衷改變，但反過來說，當我們生活在群體裡，善用群體的力量就可以解決許多看似不可能的難題。

只要是能夠組織社會的物種，成員之間就有溝通之道。螞蟻藉由腺體分泌氣味，蜜蜂不僅能藉由味道，還會用舞蹈來表達自己，而人類溝通的複雜程度就更不用多說了。既然你與我都生活在群體中，我們只須好好地表達自己，並與其他人維持良好的關係，往往就能依靠群體生存，獲得大家的幫助。

阿里巴巴集團的主要創辦人馬雲曾說：「在創業的路上，樂觀精神是創業者必備的條件，不樂觀根本支持不了三天。因為每個階段的痛苦是抱怨不完，所以創業者要相信自己明天會比今天更好。創業的路上，要學會用左手溫暖右手。」

再怎麼難走的路，只要你有心就可能克服。碰到懸崖就搭橋過去，遇到山擋著，就翻山越嶺，或者挖通它。這世界上大大小小的事情不都是這樣解決的，不都是人們群聚一塊，共同思考解決的辦法，集合眾人的力量一同面對嗎？所以，遇到再壞的事情，你都要先思考一件事情——情況是否真的無法挽救。先平心靜氣地設想最壞的情況，然後再從險境中謀求改進。

千萬別小看自己的力量，也別看輕自己在群體中的力量，這些力量將能幫助你

面對不可知的未來，但前提是你不能主動放棄希望。只要你的心裡存有這一絲希望，哪怕它細如蠶絲，它都能夠激發你內在的勇氣，織出燦爛美好的明天。

名人語錄

喪失未來的幸福，比喪失已有的幸福更痛苦。

——法國作家，奧諾雷．德．巴爾扎克

要是童年的日子能重新回來，那我一定不再浪費光陰，我要把每分每秒都拿來閱讀！

透過閱讀，這個世界上又多了許多有趣的人，而每一個人都有自己著迷的事情，碰在一起就得以讓言談中產生許多火花，多了許多樂趣。閱讀也是你表達自我的方式，思想獨特的展現。當你書讀得越多，就知道這個世界的更多趣事，讀得越深，就越想要探索更多你所不知道的事情。

推理作家勞倫斯・卜洛克（Lawrence Block）在其淺談文學創作的著作《卜洛克的小說學堂》裡提及，每個文學創作者在誕生第一本書之前，都必定會有一段歷程，那就是不斷貪婪地讀書，瘋狂地閱讀各種類型的書。他形容道，在這段期間裡，創作者就像一隻遇到鯡魚群（一種像沙丁魚的魚）的飢餓鯊魚，盡可能地捕食每隻魚。當手邊沒有任何書籍類的東西時，他連番茄醬的標籤也要拿來仔細分析。

寫一本書前，要先對閱讀這件事情著迷，沒有一個文學創作者會說其實他並不常看書。就連蘇軾這位中國文學藝術史上罕見的全才也認為：「博觀而約取，厚積而薄發。」即使他已經滿腹詩書，仍然深感自己的不足。南宋詩人陸游亦有言：「書到用時方恨少。」

總覺得自己所學還是不夠，諸如此類的感嘆在人類歷史中屢見不鮮。為什麼這些人都這麼喜歡閱讀，一天到晚讀個不停，沒有一天不停止尋找可讀的東西呢？為什麼他們要將讀書視為一生都必須做的事情，就像吃飯睡覺一樣的重要？

因為閱讀，人生的眼界自此開闊。

北宋文學家王安石曾作議論文《傷仲永》一篇。中國古代有個名叫方仲永的神童，他的歷代祖先皆是務農為生，家裡從未出現過讀書人。方仲永長到五歲，還從未見過紙墨筆硯是個什麼模樣。但有一天，他突然哭著向家人要紙筆，說要寫詩，而且他不僅真的寫出詩句，更是文采絢爛，深刻雅緻。

他的父親覺得這是件有利可圖的事，便帶著方仲永四處去表現詩才，放棄讓他上學讀書的念頭。於是方仲永就這麼漸漸地長大了，可是他的文才並沒有跟著長大，所以他作的詩也慢慢的與年紀不相符，變得平庸無奇。

這則故事不乏勸人為學的道理，但如今讀來卻另有一層涵義。年幼的方仲永不只對學習與創作抱持深刻的興趣，甚至有這樣得天獨厚的天賦，不過當一切換算成利益，閱讀對他而言就變得不再這麼有意思。

閱讀，對身為人的你與我來說，是非常重要且具有意義的一件事情。二十世紀現代主義先鋒維吉尼亞·吳爾芙（Virginia Woolf）在其探討女性權益的書籍《三枚基尼》（基尼是當時的金幣）裡即指出，人們一直以來都忽視了女性受教育的權利，並訴說識字對於女性的前途發展何等地重要。因為唯有識字，人才能閱讀，一旦開始閱讀，我們的眼界就打開了。可見，閱讀這件事情足以翻轉一個人的命運，一個懂得閱讀的人，才能慢慢脫離只靠本能需要的日子。就像受教育是擺脫貧窮線最重要的方式，也是打破階級界線最重要的利器。

若說閱讀之於人而言非常重要，那孩提時候的閱讀對我們的重要性更是不可小覷，因為孩提時所讀的書，對一個人的品格養成意義深遠。每個孩子的心板都是乾

淨的，正如十七世紀的英國哲學家約翰·洛克所說的：「小孩就像一張白紙，大人畫什麼上去就是什麼。」縱使後續學者曾經提出不同的看法，但我們無可否認，人們年幼時所接收到的外界訊息，往往以干擾最少的方式被保留於心。

這時候如果養成閱讀的習慣，看一些好書、聽一些智慧的話，對我們日後的發展總是好的。但面對逝去的光陰，除了感嘆以外，好像也不能做些什麼。所以不如從今天開始閱讀吧！任何值得做的事情，現在開始都不覺得晚。每天閱讀一小篇文章，無論任何題目，只要是你感興趣的都可以，一旦沉浸在閱讀的世界裡，你會發現，自己竟不知不覺地變得欲罷不能。

好奇心，是他們不停閱讀的理由。

從書本裡，我們可以習得知識與技能，但閱讀最重要的還是培養一個人的心性。養成閱讀的習慣將讓你獲益匪淺。不過當你必須面對生活裡的一切事情，吃飯要自己想辦法、衣服要自己洗、平日的工作已經夠讓人身心疲乏之時，又談何進修呢？你不妨將閱讀變成一種樂趣。

你可能對天上的星星有極大的興趣，因此喜歡研究天文學；你可能著迷於世界各國的人文地理，又或者是你喜歡文學、愛好歷史……。透過閱讀，這個世界上又多了許多有趣的人，而每一個人都有自己著迷的事情，碰在一起就得以讓言談間產生許多火花，多了許多樂趣。閱讀也是你表達自我的方式，思想獨特的展現。當你書讀得越多，就知道這個世界的更多趣事，讀得越深，就越想要探索更多你所不知道的事情。因為好奇心是無底洞，無論你再怎麼餵食它，它也填不滿。

這是孩童所具有的珍貴特點之一，也是人類智慧的開端——好奇心。

在擁有好奇心的人眼中，世界永遠充滿未知，而且值得一探究竟。所以，你要找尋過往自己所具有的好奇心，並透過閱讀，就你所關心的事情搜索更多的解答，豐富自己的生命。

最後，別再將光陰用來悔恨自己童年時沒把握時間閱讀，事不遲疑，請你現在就從書架上拿起一本很想看卻始終沒看的書，然後隨手記下書中引發你思考的文句，或是你從中得到的想法。雖然不用勉強自己一定要讀多少書，但請你每天持續地讀，讓書本走進自己的生命中，用精彩的言語抵過那些繁瑣的勞務。

一段時間之後，你會不經意地發現，原來自己擁有很多同好，他們都可能變成你人生的摯友，不僅能同你分享書本上所汲取的知識，更可以是人生的點點滴滴。

名人語錄

如果你只讀每個人都在讀的書，你也就只能想到每個人都想得到的事。

——日本作家，村上春樹

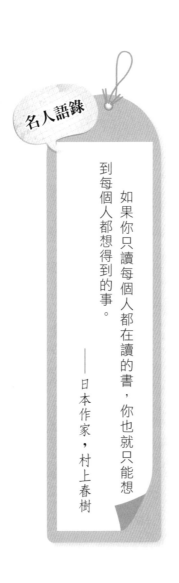

第二堂

如果你找不到成就的契機

無論你從哪裡發芽，總有時機成熟的開花之時。

小草啊，你的步履雖小，但卻擁有你踏過的土地。

唯有先相信自己一定做得到，然後開始努力，你才會在每一次的嘗試裡奮力一搏。你要以自信在每個行動上力上加力，去嘗試任何看似不可能的選擇。請你相信，你能夠以創造力改變自己的生活，而且最後世界定會回報你的努力。

失意時，人們總會覺得自己一無所有，既沒有傲人的學歷，也沒有可以依靠的家世背景，更對自己的未來感到茫然。然而真是這樣嗎？其實，只要你仔細想想，就會發現自己擁有的東西還真不少。你也許沒有財富，但身體康泰；沒有雄厚的家世，卻擁有摯愛的親人；也許學歷不足以炫耀，卻身懷一技之長。

泰戈爾認為，每個人的才能心性都異於他人，都是獨立的個體。就像小草一樣，縱然微小，總還有立足之地；就像小草一樣，只要努力扎根生長，都可以開拓屬於自己的一片草原。

所以你能夠以自由意志決定自己的生命，選擇你想要過怎樣的生活，而不同於其他自然萬物。你可以憑藉自己的能力，創造個人所需，甚至主動改善環境——每個人都具備這樣的能力，能夠無中生有，去開創適合自己的土地。

珍惜自己的潛能，你才能創造更多。

創造知識與技術的能力稱為「潛能」，人的潛能無窮無盡，至今尚未有人將「潛能」完全用盡。

人類具有一千五百億個腦神經細胞，每個腦細胞受到刺激後，就會向外發展（如同樹枝發芽擴展），並與其它的腦細胞連結，交織成精密的網絡。根據腦神經科學家康士坦丁·梵·艾克諾摩（Constantin von Economo）的估算，其實人類的大腦僅開發了百分之四，多數的神經細胞根本沒有被充分使用。由此可見，人類於演化進程中所具備的優勢，就在於我們的腦容量可以為我們提供驚人的創造力。

比方說，猩猩為求摘到樹上的果子，於是花費幾萬年的時間演化出可以摘取果子的

靈活身手，但是人類則能夠創造工具，於幾天之內就解決此類問題。

既然創造力是人與生俱來的天賦，為什麼你無法發揮？原因無它，在於自我設限。你總是認為自己做不到，心生「自己不能改變什麼」的念頭，你的人生自然無以為繼，最後只能選擇安於現狀。當然，這是人的天性，一旦人們必須面對不可預知的未來，就會被可能存在的風險弄得焦慮不安。所以為了避免這種情緒的煩擾，人們多是故步自封，在無法確定改變可能帶來的結果之前，就先打消念頭。

然而，外在環境的改變對你的心緒來說雖是威脅，對你的腦神經細胞而言，如果沒有新刺激，它是不會長出新枝芽的！而這恰恰也說明了，為什麼生活於舒適圈的人總是以固定角度切入思考，不知變通。明明大腦裡蘊藏了豐富的寶藏，你卻不願意試著擊碎表面的岩塊，那豈不可惜！珍惜自己特有的心性能力，迎接生活裡的每一項挑戰，並積極尋找解決的辦法，你的潛能就會在排除萬難的過程中被慢慢引導出來；如果你愛護自己所擁有的條件，無畏磨難的砥礪，就能逐一實現心底的夢想，最終找到屬於自己的道路。但要是你看輕自己，甚至在尚未做任何嘗試之前就先詆毀自己，詛咒自己一定無法達成目標，那麼你終將一無所成。更可怕的是，你可能進一步將這些失敗當成自己無能的佐證。

因為你有無限的潛能，所以更要重視自己的所有時間，積極地度過每一天、不斷地挑戰自己的極限。唯有先相信自己一定做得到，然後開始努力，你才會在每一次的嘗試裡奮力一搏。請你相信，你能夠以創造力改變自己的生活，而且最後世界定會回報你的努力，讓你看見自己的成就。

舉凡偉大的成就皆始於零。

有時我們會對自己現階段的成就感到灰心，因為似乎一點努力的成果也看不見。但是，舉凡世界上偉大的成就幾乎都是重頭開始，一點一點慢慢地累積而成，沒有人可以一夕成功。

美國創國元老富蘭克林（Benjamin Franklin）的一生正是從零開始的標準寫照。出生貧困的富蘭克林為貼補家用，十三歲即輟學到印刷廠工作。在印書的過程中，因為有機會閱讀大量的書籍，他奠定了深厚的文學基礎。不僅如此，富蘭克林還做過書記官、消防隊長、郵局局長等不同類型的工作。對富蘭克林來說，只要有

工作或者需要他幫忙的地方，他就會積極投入，他熱情地接受生命裡所遇到的每一項任務，並反過來從中汲取知識。富蘭克林從來不抱怨自己的身世，他每日所思所想的只是用心做好手邊的每一件事。正是因為擁有這樣的心態與多姿多采的人生經歷，富蘭克林的眼界分外開闊。

我們可以從富蘭克林的身上看到，一個人倘若願意的話，他能夠將自己的生命延伸到多深多遠的境界。試想，如果富蘭克林被迫捨棄學業時，就因對人生感到失望而放棄努力，也許他就不會有日後設立圖書館、組織消防隊、成立醫院以及發明避雷針等讓人意想不到的事蹟。他直接擁抱自己的生命，他選擇熱愛自己的生活，他日日規律作息、善用時間，他把自己的生命投注在學習與工作上，夙夜不懈地實現自己的美國夢。一切，只因為他相信——成功是屬於堅持到最後的人。

在這個世界上，有些事情正等著你去完成，有些機會正等著你去挖掘。因為有你，你身邊的人才能得到歡樂。或許你會說：「這談何容易？光是眼前的困難就足以阻止我繼續前進。」沒錯，沒有人能於一朝一夕成功，偉大的成就需要時間與精力的累積。

上天最公平的地方就是，每個人的每一天都僅有二十四個小時。你要怎麼運用這些鐘頭，是把握在你的手裡。有的人細心安排生活，為自己與他人創造更多的精彩，但有的人虛擲光陰，任由寶貴的時間如水般流逝。失意時，人難免會為自己的微不足道而感嘆，不過切記，每個人都具有扭轉生命的力量，千萬不要輕視它。你要愛惜自己的一切，殫精竭慮地拓展生命的格局。

名人語錄

人們往往將自己的不幸歸咎於環境，但我不相信環境是天注定的。成功的人找到自己想要的環境，而無法發現這種環境的人就需要努力地創造它。

——英國劇作家，蕭伯納

蜜蜂從花中啜蜜，離開時嗡嗡地道謝。浮華的蝴蝶卻相信，花是應該向他道謝。

一個人若把別人對他的愛都視為理所當然，覺得這個世界都必須為他奉獻，我想他永遠不會愛人，他永遠不會明白犧牲自己去照顧別人是多麼偉大的事情。

人的通病就是，記仇往往比感恩容易，不順遂的時候總是怨天尤人，認為是別人對不起自己。怨天怨地，就是不怪自己，彷彿自己不需要為任何事情負起半點責任，但順心遂意的時候，卻將一切視為理所當然，好似全是自己一個人的功勞，對萬事萬物缺乏感恩之心。

泰戈爾以蜜蜂比喻懂得心存感恩的人，以蝴蝶比喻那些心中只有自我的人，因為同是從花朵那兒得到蜜糖，他們的反應截然不同。我想長久下來，任何人都會珍惜生命中懂得感恩的那位朋友，並甘願為他付出更多。也許，大夥兒一時半刻會受蝴蝶美麗的外表吸引，但終會因其自私的性格而遠離他。

惦記著他人對你的好，你自然會善待對方。

在我年幼的時候，一位親戚跟奶奶借錢，說要去做生意。然而當他賺回了本之後，非但沒還錢，還將這筆錢財拿去吃喝玩樂。果然沒過多久，這位親戚又再次伸手向奶奶借錢，這回的託辭是他的生活開銷難以維持。我心裡清楚，這傢伙其實只是想弄點錢花花，因為他已經用相同的方法騙過太多人。但沒想到奶奶仍願意將錢借給這位親戚，甚至還送吃的到他們家裡去，好心地想幫助對方度過難關。親朋好友得知這件事，個個氣憤不平。面對眾人的質疑，奶奶始終沒多說些什麼。

一日，我忍不住問：「奶奶，你明知他是騙人的，為什麼還把錢借給他？」

奶奶沉默片刻，才緩緩地對我說：「我們人活在這世上不必計較這麼多。當你手中有東西可以分給別人的時候，就強過那些伸手向別人要東西的人。」

老一輩這種待人的寬容，如今已經越來越罕見，現在的人們對於利害得失是計

算得越來越清楚。然而，人們若是隨時將這些事情放在心裡，日日夜夜不停琢磨，無形中也會對人性越來越感失望。

我常在想，為什麼奶奶能如此寬以待人？後來我尋思，這種願意相信他人、再給對方一次機會的寬容，不離她時時刻刻將自己所承受的恩惠記在心底的為人之道。正如奶奶時常告誡我的：「受人點滴，當湧泉以報。」這種告誡就是傳承，是一種耳提面命的提醒，為得是不讓自己的子孫變成刻薄之人。奶奶為了不讓後代子孫成為這樣質疑人性的人，得先感念他人對自己的恩惠，而且不忘施恩予人。奶奶雖不識字，但是她待人的厚道卻讓我感念至今。

確實，如果一個人心裡總覺得周遭的人虧待了自己，他怎麼可能會願意善待他人呢？報仇都來不及了。然而，一個總能想到人們待人友善之處的人，因為感念人們的恩惠而覺得心暖，他自然就會開始善待世人。

佛家的輪迴觀強調，我們來到這世上，是為了結前世所欠下的債，該還的就該還，該做的就該去做。這道理是，要人們心裡記得自己對他人有所虧欠，所以為弭平這樣的虧欠感而幫助別人、善待別人，進而磨出寬厚的感恩之心。

正面闡釋人們的善意，就是友好的開始。

感恩萬事萬物，是一件需要學習的事情。學會感恩之前，我們要能夠正面闡釋他人所表達的善意。發自內心地相信對方的善行善舉是出於純粹的慈愛之心，從而才能建立彼此的信任，並在信任的基礎之上扶植友好的關係。

自信心脆弱的人總會將他人的善意曲解為憐憫，不過善意從來就非憐憫，也不是突顯自我優勢的手段，它是想對一個人好的那份真摯之心。善意並不等於同情，同情他人很多時候只會折損對方的尊嚴，但適當的善意卻能令人歡欣鼓舞。這樣真摯的善意就能感動一個人，讓人覺得自己被了解了、覺得被善待了，於是打從心底感謝對自己好的這個人。所以在學會感恩之前，我們該學習的，就是相信這個世界上總是有人在關心著我們，真心誠意地對我們好。

一旦善意被曲解，通常會導致無可收拾的局面，但善意從來沒有錯，而是人們太輕易就以負向意念闡釋他人的行為。當我們只記得別人對我們的傷害，總覺得對方是一個會傷害我們的人，那自然難以感受到他人的好。所以我們要捫心自問，為什麼自己總是不由自主地反覆咀嚼過往的傷害，深怕苦痛再次發生，而不像蜜蜂一

樣，反覆回想花朵曾經帶給我們的甜蜜。如果一個人學會感恩來自別人的善意，他就會停止仇恨這個世界，而這種愛便能使世界更美。

我們要如何才能記得他人對我們的好？那就是經常道謝，練習時時刻刻善待身邊的人。每次說謝謝的時候，我們就能憶起他對自己的好。然後，進一步地像接力賽一樣，把善意傳遞下去，讓每個善意觸動更多的善意。

名人語錄

你該盤算你得到的恩惠，而不是你的煩惱。

——美國勵志作家，戴爾．卡內基

我希望你照自己的意思去理解自己，不要小看自己，被別人的意見引入歧途。

別人所給予的意見，或許是由衷的為你好，但不一定要照單全收。因為，每個人都需要為自己的人生負責，你得為自己的行為埋單，一點也不能推給別人。所以你總要用心聽，至於要不要採納，就要看它適不適用你目前的情況。

遭遇挫折時，你首先會質疑自己的價值，覺得自己是個無用之人。一旦這個念頭在心裡盤旋不去，你就會認定自己做什麼事情都會失敗。

一個人的價值究竟該如何衡量？財富有價，學歷有價，事業有價，但自信卻是無價珍寶，因為一個人若缺乏自信心，就難以成功。泰戈爾認為，人們應該依照自己的意思看待自己，不要小看自己，也不輕易被他人的意見引入歧途。

小看自己的人往往會用別人的尺來度量自己，所以他們永遠只見別人的觀點，

而看不清自己的真實樣貌。然而，別人的意見是他根據自己的經驗所說出來的；別人眼中所見，永遠是他自己的世界、他所能做的事，他不過是猜想如果自己處在你的情況下，他會怎麼做。

你才是那個永遠最關心自己的人。雖然你曾經在遭遇挫折時埋怨自己、責備自己，但請你記住泰戈爾的話——千萬別小看自己，別輕信他人對你的評價。無論這個評價是好的，還是不好的，千萬別因為盲目相信而迷失了自己。

為人生埋單的，不是別人。

俗諺有言，一個人的肉，可能是另一個人的毒藥。

別人覺得好的或是正確的事情，放在你的世界裡也許壓根兒就是件壞事，根本就不適用於你。例如：對一個過度勞累的人來說，休憩是再有益不過的事了，但是對於成天無所事事的人，適度的勞累反而有助於提振他的精神。所以，他人給予的良心建議，你總要用心聽，然後仔細地評估，至於要不要採納，就要看它適不適用於你目前的情況。

只要你留心去聽，就會發現不論做任何事，你都能夠聽到正反兩面的聲音。舉例來說，你對工作感到不滿而心生離職的念頭，所以一一詢問周遭朋友的意見，通常都會得到許多不同的答案，結果讓你更加猶豫不決。個性保守的朋友對你說：「現在外頭的工作難找，你確定要放棄既有的一切嗎？」享樂至上的朋友則會勸你人生苦短，當及時行樂。換言之，向不同的人詢問意見，你就會得到不同的回應。若捫心自問，也許你不過是在尋找一個自己想聽的答案罷了。

遇到這種時候，如果你沒有靜下心來，仔細思考自己的問題，任憑別人發表意見，你會發現自己的難題變得更加模糊，而你也越來越不清楚究竟該如何是好，最後便任由它延宕下去，終究得不到解決之道。然而，此時要是能冷靜下來，你就會發現自己心裡早有定見，之所以會不斷地尋求別人的建議，其實只是因為缺乏決斷的勇氣。

記住，無論是任何抉擇，最後的裁定權還是操之在己。既然你已經通盤考慮與反覆思量，我相信你能夠為抉擇的後果負起責任。

連你都不站在自己這邊，又有誰會挺你？

當你陷入迷惘，找不到自己存在的意義之時，請你先相信自己，而別輕信他人對你的評價，即使目前對方所言為真，也不代表以後還會是如此。

心理學教授克里．摩斯（Kelly Morth）在他的著作裡提到一則故事。有位孤兒因為無依無靠而感到徬徨，於是前去求寺廟裡的高僧指點。

孤兒問高僧：「像我這樣沒有任何本事的人，究竟該如何生活啊？我到底能做些什麼呢？」

聽完孤兒的問題，高僧給了他一塊石頭，說道：「你把它拿到市集去賣。但要記著，無論多少人想買這塊石頭，你都別賣。」

就這樣，孤兒疑惑地帶著石頭來到市集，可是，那只是一塊石頭，根本不可能有人買啊。第一天過去了，第二天過去了。到了第三天時，有人開始詢問石頭的價格。第四天，真的有幾個人想買這塊石頭，第五天，那塊石頭已經能賣到一個很好的價格了。

孤兒回去找高僧，問道：「現在石頭的價格很不錯，我要不要賣呢？」

高僧說道：「別急，你再把石頭拿到石器專屬的交易市場去賣，還是要記住，無論人們出多少錢，你都不要賣掉石頭。」

於是孤兒再把石頭拿到石器交易市場，三天後，漸漸有人圍過來問石頭的價格，而且問價的人是越來越多，最後石頭的價格甚至已經高出了石器的價格許多，然而孤兒依然不賣。越是這樣，人們的好奇心越強，石頭的價格就越抬越高。

孤兒又回頭找高僧，問石頭是否能賣了。高僧說道：「別急，你再把石頭拿到珠寶市場去賣。」結果同樣的情況不僅再次發生，石頭的價格更是炒得比珠寶的價格都要高。

高僧說道：「世上的人與物皆是如此，如果你認定自己是塊不起眼的石頭，那麼你可能永遠只是一塊陋石；如果你堅信自己是一塊無價的寶石，那麼你就是那塊寶石。」

倘若你現在就像這位孤兒一樣，遲遲找不到自己的價值，甚至沒有一闖天下的自信心，或是沒有勇氣改變自己的生活。請你仔細想想這個故事，人的價值是由自己定義。

如果連你都認為自己沒有本事，請問你怎麼會用心去完成生命中的任何事呢？但如果你相信自己是會成功的，只要抱持著這個念頭，你當然就會日以繼夜地努力下去。是以遭遇挫折時，你要第一個跳出來挺自己、支持自己，千萬不要小看自己。你才是自己最大的盟友。

名人語錄

成功有一百個母親，失敗則是孤兒。

——義大利諺語

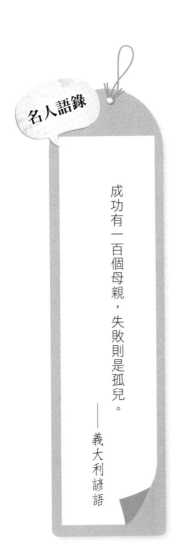

世上一切偉大的運動都涉及某個偉大理念。

每個人都可以懷抱著希望與理念，但不是每個人都有非實現不可的決心，也因為如此，許多人面臨考驗時，往往立刻就向現實妥協了。但如果人們能夠將這些理想具體描繪出來，就得以清楚地告訴自己，有哪些事情是真的值得我們去追求。

如果你出身於上流社會，加上天資聰穎而不費吹灰之力地考上醫科，當你年紀輕輕就屬於人生勝利組的一員，請問你會放下這一切，跑到荒野中，過著顛沛流離的生活嗎？

阿根廷革命家切．格瓦拉（Che Guevara）離開家庭、放棄學位，終其一生在熱帶雨林中打游擊戰，最後被玻利維亞軍官槍決，一切只因為他無法忍受獨裁者對

人民的高壓統治，而希望能帶領人民走向平等公義的世界。

在印度，聖雄甘地（Mohandas Karamchand Gandhi）同樣也拋棄自己的一切，奮不顧身地投入印度的獨立運動之中。他堅持反暴力與反法西斯的理念，所以不用暴力手段進行抗爭，而是以絕食抗議的不合作運動，反對英國在印度建立的殖民政權。在這個過程中，高齡七十歲的甘地絕食了二十一天，深深撼動全民，讓印度人民因而團結起來。

無論是切．格瓦拉還是甘地，他們之所以放棄優渥的生活，甚至甘願承受一般人難以忍受的肉體與精神上的折磨，就是為了貫徹自己的理念。

二十世紀的人民飽受大戰之苦，但這個時代也誕生了無數的思想家與革命家。戰爭的苦難與折磨，激盪出絢爛的偉大理念，而這些偉大的理念成就了偉大的事業，徹底改變人類的生活。這些懷抱偉大理念的時代英雄，徹底地翻轉了人民的命運。因此，同處於二十世紀的泰戈爾有感而發地說出，世界上所有偉大的運動，都與某些偉大的理念有關。

自我實現，是人們最終的渴望。

我們活在這個世界上，無時無刻都在追求滿足。需要填飽肚子，需要一個可以安身立命的家，需要親朋好友的陪伴，需要錢財，需要空閒與娛樂。心理學家亞伯拉罕・馬斯洛（Abraham Harold Maslow）根據人類需求的重要性，由上而下，將這些需求排成像金字塔一般的圖表。

「人類需求金字塔」共分為五個層次：底端是人們對於食衣住行的滿足，這是多數人都可實現的需求。第二層是人們對安全無虞、身體不受別人傷害、保有自己的事業或財產、不會受到威脅的渴望。可以滿足這個階層的人，比底層的人少一點。第三層為情感寄託的需求，人生到達這個階層的人比底下兩個階層的人再少一些。第四層在於人們都希望能獲得他人的尊重，希望自己在別人心中具有一定的份量。第五層——也是需求的最頂端——人們都渴求能夠實現自己的抱負，這是最難獲得滿足的需求，真正可以獲得自我實現的人少之又少。

閱讀歷史上許多成功人物的傳記後，馬斯洛和他的研究團隊發現，這些人一旦滿足了自我實現的需求，自我實現階層以下的需求都變得不怎麼重要了。因為自我

實現可以創造難以言喻的高峰體驗，令人感到極大的滿足，從而忘記其他的需求。而且人們只要經歷過一次高峰經驗所帶來的喜悅，就會不斷地渴求創造出更多的偉大成就，好再一次經歷那樣美好的感受。此外，馬斯洛也發現，當一個人抱持的理想越遠大，能夠影響越多人，理想實現後的喜悅值也就越高。簡言之，一個人的抱負越大，成就感便越強烈。

既然自我實現所帶來的喜悅如此強烈，如此令人難以忘懷，為什麼自我實現的人是少之又少呢？

原因是，許多人在追求自我實現的過程中選擇放棄，面臨現實的殘酷後就被擊潰。然後退而求其次，在其他需求階層中追尋滿足感，偶爾感嘆兩聲或是緬懷自己年少曾有的雄心壯志。每個人都有自己的理想抱負，但能堅持於現實中追求的人卻屈指可數，因為人們總會找出種種理由說服自己放棄，最後任由理想抱負隨著歲月漸漸淡忘。但成功往往屬於那些能堅持到最後一刻的人，這也是那些最終能成就偉大事業的人與一般人最大的不同之處。

切．格拉瓦在其《革命前夕的摩托車之旅》一書中說到，他和朋友的這趟摩托車之旅是效法詩人聶魯達（Pablo Neruda）。就像許多大學生所規劃的環島之旅，切．格拉瓦在某個暑假決定和朋友一同騎著破爛摩托車從阿根廷出發，環繞整個南美洲，但這趟奇妙的旅程卻改變了他的一生，讓歸來後的他決心投入革命。相似的旅程，聶魯達看到的是南美洲豐富多元的文化特質，並以此滋養自己的詩句，切．格拉瓦卻看到了不同的風景，他看到活在這片土地上的人民正遭受著怎樣的痛苦，這是身為準醫師、一心想濟世救民的他無法坐視不管的。

我相信在切．格拉瓦之前或之後，一定也有很多青年曾踏上這樣的旅行，不過再也沒有人像他一樣做出轟轟烈烈的事情。並不是在這過程中他們沒有激盪出偉大的理念，而是他們沒有仔仔細細地將自己的想法寫下，也沒有思辨這些理念，就讓這些偉大的理念隨著熱血沸騰的情緒一起冷卻下來，最終消逝不見。

世界上一切偉大的運動都與某些偉大的理念有關，但並非每個偉大的理念都能成就偉大的運動，原因在於，不是每個偉大的理念都能堅持到最後。

先畫出理想的藍圖，才能找到實現它的材料。

無可否認，人要到達自我實現的最高境界，他懷抱的理想就必須清楚明確。他要先在心裡勾勒出理想的輪廓，隨著時間逐漸加深筆觸，並且增添細節，以致最終找出實踐的方法。這些能將理想堅持到最後的人，都擅長畫出理想的藍圖，然後放在心裡，無時無刻地想，想像自己實現這樣的理想之後，生命美好的模樣。

華特．迪士尼（Walt Disney）一手打造了迪士尼的童話王國，他曾說過，一個人成功之前，必須先用想像力將成功畫出來，它才有可能像魔法一般地實現。當時華特剛抵達洛杉磯，全身上下只剩四十塊美元和一隻行李箱。雖然落魄到必須在火車站吃罐頭豆子，但他心裡仍在畫著自己的理想王國。對此，他這麼說道：「我希望人們不要忘記一件事，迪士尼的一切都始於一隻老鼠。」華特指的即是：他所有的一切都源自一個理想，一個希望打造歡笑世界的理想。

唯有你將理想的藍圖畫出來，感受到理想在自己的面前展開之後，才能按圖索驥，找到實現它的材料，這些材料可能就是差點與你擦身而過的機遇。換個角度想，如果你的心裡缺乏清晰明確的理想藍圖，該從何辨明機遇，並且把握住它？許多偉大事蹟都來自於一些看似不可能的想法，哪怕這些理想一開始只是空想，或是不切實際的夢想。真正會成就大事的人，不會輕看自己所抱持的想法，他們不會多花時間去質疑自己，他們心心念念的只有——該如何讓它成真，而這是實踐理想的唯一途徑。

名人語錄

鷹有時飛得比雞還低，可是雞卻永遠不能飛得像鷹這樣的高。

——俄羅斯作家，伊萬·安德烈耶維奇·克雷洛夫

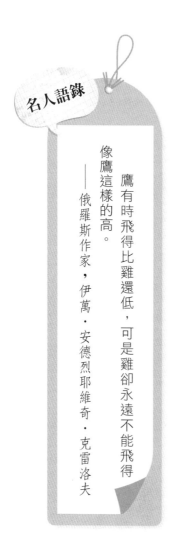

世上使社會變得偉大的人，正是那些有勇氣在生活中嘗試和解決人生新問題的人。

每個人在每一天，甚至每一刻，都可能面臨這樣的選擇，是要起身對抗生活上那些惱人的事情，或是繼續逃避下去。然而，唯有選擇對抗自己的軟弱，站起來，迎戰那不可抗拒的命運，生命才可能出現轉機，將不幸與痛苦轉化為甜美的果實。

命運之所以可怕，在於人們時常失去面對它的勇氣。弔詭的是，其實很多時候直截了當地面對眼前的難題，全心全意專注在解決這些難題上，憂傷與恐懼反而會被你置於腦後。所以，你雖然無法決定命運也無法預測明日，但有一件事情是你可以掌握的，就是選擇起身迎戰它。或是你也可以什麼都不做，默默地忍受，任痛苦繼續蔓延。

泰戈爾認為，能使社會變得偉大的人，正是那些有勇氣在生活中嘗試和解決人生新問題的人。因為這些人即使生活於水深火熱中，也能感受到愛，因愛而激發出勇氣，這股力量就足以讓他們不至於被痛苦擊倒。

對抗自己的軟弱，迎戰不可抗拒的命運。

當噩耗響起時，有多少人能夠挺身抵擋，迎戰到底？

《波麗露》是作曲家莫里斯．拉威爾（Joseph-Maurice Ravel）的最後一部舞曲作品，也是他最廣為人知的優秀作品。但創作此曲的那段時間並非他最意氣風發之時，反而是他人生最不堪的低谷。那時的拉威爾因為車禍而重創腦部，後遺症是一旦他開始動作，就會不斷地重複下去，無法停止。腦傷之嚴重，甚至害他連名字都寫出不來。這個傷害對創作不啻的他是絕望的深淵，因為他困在一具失去控制的軀殼裡，再也無法寫出有變化的旋律。

然而聽過《波麗露》的人都知道，這部舞曲的節奏自始至終完全相同，相同的旋律重複了九次，唯有漸強的變化，但舞曲所展現的驚人張力讓聽者皆無法忘懷。

面對生命突如其來的變故，拉威爾選擇用熾熱的心來詮釋他的不幸，用輕快的舞步跳離腦傷的桎梏。

試想，拉威爾發現自己因為腦傷而無法變換旋律時，一定非常氣惱。但經過無數次嘗試後，終於讓他找到解決的辦法，他利用音量強弱與樂器的搭配，創造出前無古人後無來者的《波麗露》。拉威爾不僅有勇氣面對生命，他甚至用自己的創意反擊生命，開了老天一個大玩笑，以優雅的姿態為自己的創作生涯畫下一個句點。

套句心理學家榮格（Carl Gustav Jung）說過的話：「性格決定命運。」只要你深入探究，不難發現這些成就不凡的人都具有堅韌不拔的性格，他們奮戰到最後一刻，他們堅持完美而絕不妥協，如此才造就了他們不凡的人生。

事情既然已經發生了，就無法挽回。但可怕的並不是已定的命運，而是你決定逃避，卻不願意去思索更好的應對之道，一門心思都放在如何逃避關心且願意幫助你的人之上。沒有比活在自哀自憐裡更叫人喪氣的事情了！這才是命運真正殘酷的地方，它是這麼摧折一個人活下去的勇氣。不過，假若你可以像拉威爾一樣，直接面對眼前的阻礙，甚至幽默地看待生命的轉折，就能將它變成一個奇蹟！

現階段的你只是尚未完成目標，不算失敗。

那些擁有偉大成就的人，總是覺得自己的一切來自於努力，努力去開發自己的潛能，努力去改變自己。他們往往明確地知道自己的目標，為了達到這個目標，夙夜匪懈，最終從成千上萬次的嘗試中找到一次成功。他們始終不認為自己會失敗，即使眼前的付出沒有得到滿意的結果，他們也只是視它為必經的歷程，只是目標尚未完成，根本不算失敗。因此，他們覺得自己應該要繼續努力下去。

發明家愛迪生（Thomas Alva Edison）有一千零九十三項專利，但這些專利是數以萬次的嘗試所換得的，他自言自己尚未完成的作品還有很多。舉例來說，愛迪生著手改良燈泡這項發明時，就是嘗試了數千種不同的燈泡芯材料，最後才找到鎢絲。

失敗為成功之母。沒有這些嘗試，人們根本就不知道哪些方法是行不通的。

更有趣的事情是，愛迪生甚至不覺得自己在嘗試的過程中失敗過，他指出這些眼下看起來無用的作品只是還沒有完成，他只是尚未找到對的方法，所以不算失敗。追根究底，所謂的失敗就是在尋找破解成功之道。對他而言，做出一番成果固

然令人感到開心，但真正有意思的，在於嘗試的過程。

如果面對生活中的問題，人們願意像愛迪生一樣具有永不放棄的精神，我相信眼前的難題並非無法解決，而是還沒找到對的方法。你也擁有這種永不磨滅的韌性，請你告訴自己：「問題總是有辦法可以解決的，只要我堅持下去。」當你以幽默樂觀的心態去解決問題，事情往往會出現意想不到的轉折，就像拉威爾因此奏出不凡的奇妙樂章，亦如愛迪生的燈泡大放異彩，點亮自己與世人的生命。

所以，不管眼前的情況如何惡劣，你都可以選擇自己該以何種心態面對它。一旦鼓起勇氣去嘗試解決問題，在這個過程裡，你通常就會發現，問題的難度是被恐懼誇大了，你解決問題的能力也是因為自我否定而被低估。

正如人們所說，危機可以逼出人的潛能，但前提是你要先有勇氣去面對。而如何面對人生，就取決在自己日常的一念之間。別太快地投降說「我不行」，或許有些嘗試是你之前沒想過的；有時雖然你覺得一切「來不及了」，但冷靜下來之後，才察覺事情還有轉圜的餘地。記住，只要有一絲絲的可能，你都不該輕易放棄嘗試，因為翻轉生命的奇蹟多在最後一刻才發生。

善用你的選擇權，以更積極的角度來檢視自己的生活，找回開創生命的能量。

畢竟，命運的好壞不是取決於這些人生事件，而是取決於自己想怎麼走下去。

名人語錄

歷史上所有偉大的成就，都是由戰勝了看似不可能的事情而取得。

——美國喜劇演員，查理・卓別林

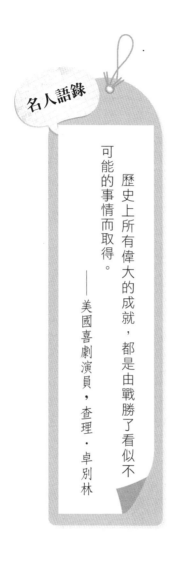

至善不會獨至，它伴隨一切而來。

成功往往會引發連鎖效應，因為成功會獲得肯定，來自於自己和他人的肯定。這樣的肯定往往會帶來機會，機會就會帶來改變的契機，許多好的改變會累積出更多好的成果，帶來更多的成功，這就是成功所引發的連鎖效應。

什麼是這世上最好的東西？其實因人而異。但不管你心裡所認定的至善為何，它都不會獨自來到你的面前，因為它必須要結合許多條件才會出現。如果你渴望的是財富，你必須願意付出努力、學習經營自己的人脈，以及具備許多得以致富的條件；如果你追求的是成就，你首先要具備成功必須擁有的條件。勵志書《秘密》的作者朗達．拜恩（Rhonda Byrne）曾宣言，「財富的吸引力法則」在於抱持正向的想法，只要人專注於正面的意念，就會造成一股磁力，吸引許多他所想要的事物前來。但朗達．拜恩的說法其實簡化了這個過程，一心渴望想要的事物，只不過是獲得它的第一步，一切必須結合其他的條件，才會來到你面前。

把事情做好，成功自然就會追隨你。

發行自印度的一部勵志電影《三個傻瓜》在上映後持續受到大家的喜愛，幾乎成為人人必看的電影。這部電影描述三個年輕人在第一學府「印度理工學院」的求學歷程（根據日本NHK電視台特別採訪小組所撰寫的《淘金印度》所記，這所學校每年錄取的名額僅有五千名，但報考人數都高達三十萬人，錄取率只有百分之一．六七，號稱全世界最難考的大學）。

這所大學的學生個個都是菁英，都希望自己畢業後進入第一流的公司，成為人人稱羨的人上人。在貧富懸殊的印度，擠進一流的學校或大企業是證明自己價值的主要途徑。因此，這些躋身於第一學府的年輕人非常在意學業成就，只要表現略為遜色，強烈的挫折感便油然而生，彷彿自己的人生已經無望。但主角藍丘卻與別人不同，他在整部影片中最常說的一句話就是：「不要追求成功，而是追求卓越，追

求卓越之後，成功則會隨之而來。」這句話與泰戈爾的詩句有異曲同工之妙。主角藍丘始終專注於研發實用的設計，而非為了得獎或彰顯學術成就，只為追求學問的樂趣。同時他也鼓勵自己的朋友，盡可能地去追求自己的理想，而非成為別人眼中的贏家。

如果你細細品味泰戈爾的這句詩，就會發現，所有最好的事情都是在條件具齊後，才會出現。如果你覺得自己總是得不到想要的事物，別急，只要你持續朝著你的目標前進，終有一天，它會伴隨著其他好東西一同前來。

在你所追求的那一刻真正到來之前，請你先專注於眼前的事情，認真去做任何你真心想做的事情。因為，每當你完成一件事情，就朝理想多邁進一步，只要這麼持續下去，終有一天成功就會如你所望。而且，你將不難發現自己也同時獲得很多好東西。例如，你心裡認為的至善是擁有成功的事業，別一開始就抱定自己必須要犧牲家庭的想法，只要你願意花時間與家人溝通，家人的支持屆時可能會反過來助你一臂之力。更甚者，最後你可能恍然大悟，家人才是你心裡那最好的東西。

最好的事情不會毫無預警地突然就蹦出來，它會在水到渠成之時發生。

一次的成功，預告了更多的可能性。

至善來臨時，通常會帶來意想不到的同伴，而尤其好的事情到來時，則會帶來其他好事，就像一次成功往往預告了更多的成功。因為一次的成功會獲得肯定，來自於自己與他人的肯定。一旦我們肯定自己，就會願意做更多的嘗試，願意為更遠大的目標做出更多的努力。這些努力則會累積出更多好的成果，帶來更多的成功，這就是成功所引發的連鎖效應。

我們常有以下這種經驗，當自己好不容易完成一件事，要再做一次就會變得比較容易。許多成功致富的人都曾說過，累積人生的第一桶金是最困難的，然而一旦有了一百萬，再製造第二個或第三個便不是什麼問題。如同財富會滾出更多的財富，你心裡所渴求的至善往往也會衍生出更多。因此你必須要當心，你必須認真問自己，到底什麼才是你所追求的至善，而它值不值得你花心力追求？

每個人都具有創造力，只要善用這種能力，努力去創造最好的事物，而這些事物能帶給別人幸福，那麼其他好的東西也會一併到位。也許，每個人心中所認定的至善不盡相同，但我認為在至善中，最好的莫過於幸福，讓自己具備帶給別人幸福

的能力，讓自己與身邊的人都能感受到幸福，才是一個人活在這世上所能擁有的真正好事。

名人語錄

那些為大多數人帶來幸福的人，就是世上最幸福的人。

——德國經濟學家，卡爾・馬克思

人難以從生命中展露，只是奮鬥不懈地掙扎向前。

真正會在歷史中顯露頭角的人，並不會是那些一心想要展現自己有多麼不凡的人，而是相信有些事情是他應該去做，而確實去做的人，他們抱持著堅持到底的決心，奮戰到最後一刻。

人們常抱怨這個世界待己不公，覺得自己是如此地平凡微小，空有一身絕技而沒有發展的空間。在讀過許多偉人的傳記之後，我深刻地明白一件事，那就是他們並非為了在歷史上留下一席之地，才做出那些了不起的事蹟，他們僅是持續不斷地對抗命運，掙扎向前。

一個人如果只想著展露自己，表現自己有多麼優異，其實是難有成就的。因為當他一心想要表現自己，就容易患得患失，表現不如己意，就會放棄，轉而尋找其

他可以展露頭角的機會。但如果一個人專注在解決生命的種種問題，而非表現自己的能力，長久下來，突破自己只是遲早而已。

世上的偉人共有的條件在於，能夠完成一般人所無法完成的事情，縱使他們必須經歷重重阻礙。這樣的人並非一心想要展現自己有多麼不凡，他們只是相信這些事情應該去做，然後抱持著堅持到底的決心，奮戰到最後一刻。

耐挫度，決定一個人的成就高低。

以往大家認為社會上那些成就很高的人，一定具有過人的才智，但心理學家丹尼爾．高曼（Daniel Goleman）認為，智力並非決定個人成就的最重要因素，還有一個更重要的因素是情緒智商，也就是大家所熟知的EQ。

他在研究中發現，高智商的人一旦測驗分數不如預期，就會立刻放棄接受下一次的測驗，或者尋找許多外在因素來解釋他為何得此分數；但情緒智商高的人，即便測驗分數低於預期，他仍然會積極接受下一次測驗，直到達成自己的目標為止。

高曼亦從追蹤研究得知，許多擁有高成就之人的智商都僅有平均值而已，情緒智商則極高。換言之，他們有非常好的耐挫力。為何挫折容忍力對於個人成就的表現這麼重要呢？高曼的結論是，情緒智商高的人不易因為表現不好或遭遇挫折而感到沮喪，他們反而會更專注於自己的目標上，進而發揮最佳的表現。

那些獲得「最有價值球員」的選手，在接受記者訪問時，都喜歡引用微生物學之父巴斯德（Louis Pasteur）說過的一句話：「機會永遠留給準備好的人。」他們深知，自己之所以能獲得勝利並接受眾人喝采，是因為自己忍受了無數次的練習，在這些日子裡不斷地挑戰自己的身體與精神極限。他不是在球場上表現自己，他是努力爭取上場的機會，不停地調整自己的狀態，讓自己的能力得以妥善發揮。這些「最有價值球員」當然同樣也認為練習是乏味無趣的，但為了磨練技術，他們願意沉住氣去反覆做練習，同時，忍受在球場上所遭遇到的所有挫折，將挫折轉化為動力，繼續戰鬥下去。

另一位心理學家阿爾伯特．班杜拉（Albert Bandura）指出，人類是少數可以藉由模仿而學習的動物，人類在學習的過程中會設立一個模範，將他作為仿效的對象，然後比對自己和模範之間所表現出來的行為差距。當人類發現自己和模範之間

的差距很遠的時候，就會感到挫折，而這樣的挫折易使部分的人放棄學習，或是另尋新的模範。但另一部分的人面對挫折時，則會重新觀察自己和模範所表現出的行為有什麼不同，然後重新修正自己的行為，藉由反覆練習與討教，直到自己可以表現得如同模範一樣好為止。班杜拉認為，更好的學習者會進一步表現出比模範更好的行為，青出於藍，更甚於藍。

我們都知道，如果只是被動地待在角落裡做夢，是絕對不可能成就任何事情的，必須把夢想化為實際，把擋在前頭的石頭搬開，要為成功開道，才可能到達夢想的彼岸。所以我們也要有心理準備，無論自己遭遇的險阻有多大，其中最大的挑戰就是，面對自己的軟弱。

真正會在歷史中顯露頭角的人，絕對具有這樣不服輸的精神，唯有超越前人，自己的聲音才會在沉靜的歷史迴廊中發出巨響。

戰勝自己，比挑戰別人更難。

美國所發行的紀錄片《伴唱人生：聚光燈外20呎》描述一群隱身於巨星光芒後

的無名合音天使，全片以訪談與影像資料穿插，勾勒出他們的影藝生涯。這些人的歌聲絕對不會比舞台上的主角差，但他們總是站在距離聚光燈之外的二十呎，陪襯著主角，令他們顯得更加光亮。影片最後歸納，這些才華洋溢的合音天使之所以無法成為巨星，在於他們多數缺少成為明星的堅持與自信，有的在半途中放棄，有的甘願致力於合音，永遠站在距離聚光燈之外的二十呎。

我從他們的身上發現，自己才是自己最可怕的敵人，想在歷史中展露出頭角，唯一要挑戰的對手就是自己。因為一旦我們心中浮現一個軟弱的意念，勝過外在成千上萬的詆毀。

就如窯匠在製作瓦器的過程裡，會先打碎一個完整無缺的初胚，再將破碎的初胚重新燒煉過，如此才能得到一個更好的瓦器；當你承受打擊，甚至覺得自己連續不斷地遭遇挫折，有時候其實並不全然是件壞事，因為這種種的磨難，是鍛鍊出真正實力的必經階段。鑽石不也要先磨開包覆在外的殘渣，經過無數次的切割之後，才能顯現璀璨光彩嗎？

你當然可以苟活在自己的生命裡，只做好份內的事情，別無所求。但如果你真

想要有所作為，想從生命中展露，你就必須要奮鬥不懈地掙扎向前。記住，每一次你在挫敗中所感受到的自尊破碎，只是為了淬煉出更好的自己。原因無他，當你感受到自己的不足，才會謙卑，才會虛心學習，不斷地努力。那麼終有一天，機會之神降臨時，你自然不知不覺地從奮鬥的過程中顯露出來，寫出自己的成功故事。

名人語錄

成功好比一張梯子，「機會」是梯子兩側的長柱，「能力」是插在兩側長柱之間的橫木。只有長柱沒有橫木，梯子沒有用處。

——英國作家，查爾斯・狄更斯

第三堂

如果你的心因現實而委屈

重塑價值金字塔，讓人性光輝斥退黑暗心境。

你看不見你自己，你能看見的只是自己的影子。

一個人認定自己是好人，他就會做出好的行為來驗證自己的想法。他會用善意來解讀別人的行為，用正向的思考來看待自己遇到的任何事情。一個人如果認定自己是壞人，不被大家所接受，他就會對自己所處的世界充滿敵意。這時候，他也會用負向思維來解讀別人對自己所做的任何事情。

假如我說，曾經有一個人打從娘胎裡就陪伴著你，在你之後生命的每一天裡都與你形影不離，沒有片刻離開過你，直至你揮別人世的那一刻仍跟你在一起，那麼這個人大概就是你在世界上最親的人吧。其實這個人不是他人，就是你自己。

「我」才是一生中陪伴自己最長、最久的人，生命洪流裡所發生過的大大小小事情也唯有自己最清楚。這麼說來，自己無疑就是最瞭解自己的人。但泰戈爾並不這麼認為，他說道，我們看不清最原始的自己，我們所認為的自己，不過是自己的影子。我們認為自己是個怎樣的人，就會把自己想成一個那樣的人，所以一點兒都不真實。

況且，我們實在太容易依照眼前的境況，來解讀自己。遇到一點兒好事，就呈現自我感覺良好的心理狀態；遭遇一點兒挫折，就認為自己糟糕透頂。這便是泰戈爾所謂的，我們看見的並非真實的自己，我們只能見到影子，虛無飄渺的影子。

你怎麼認定自己，你就會成為怎樣的人。

一個人會有許多不同的面向，有好的一面，也有壞的一面。多數人專注於自己的優秀之處，也希望別人僅看到自己表現出來的最好一面。至於性格中的陰暗處，通常是掩而不見，能遮多少就是多少。

心理學家榮格認為，人的性格是由許多面向所組成的，每個人的性格裡都有良善的一面，但心靈深處亦有一塊誰也看不見的陰暗面。所謂的自我，只不過是一張呈現給外界的面具，這張面具就稱為「性格」。而真實的自己則隱藏在心裡，不會

輕易表露出來，甚至連自己也無法覺察。但是「自我」非常重要，因為它是人們對自己的認定，如果一個人認定自己是個好人，他就會做出好的行為來驗證自己的想法。他也會用善意來解讀別人的行為，用正向的思考來看待自己所遇到的任何事情。一個人如果認定自己是個壞人，不被大家所接受，他就會對自己所處的世界充滿敵意。這時候，他往往也會用負向思維來解讀別人對自己所做的任何事情。因為人一旦相信某個意念，就會找出證據支持自己，並且竭盡全力地讓事情朝他所希望的方向發展。

人會依照內心主觀的看法去解釋自己所接觸到事物。不僅如此，我們也會根據自己的想法去解釋別人的行為，去猜測未知的事物。因為多數時我們相信眼見為憑，堅信自己所看到的一切。但豈是如此簡單？許多事情是無法一下子就看得明白。不過一旦人有了先入為主的想法，就不是那麼容易改變的。

這便是誤解的開端。隨著我們看待事情的觀點有所不同，同一件事就有了不同的解讀。我們會推測別人是因為什麼樣的因素而做出這樣的行為，但我們所想的原因並非真正的原因，只是我們主觀上認為如此。

先告訴自己做得到，行動就會有力量。

心理學家羅伯．羅森陶（Robert Rosenthal）曾在小學教室裡驗證一件事，就是人如何看待自己是多麼地重要。

他隨機挑選一些小學生參與實驗，在他們完成智力測驗之後，隨即告訴這些學生和他們的導師測驗的結果。之後他觀察師生的互動發現，得知自己測驗成績優異的學生會更加認真地學習，而導師對待這些學生的方式也有所不同，導師會給這些學生更多的鼓勵與指導，結果這些學生真的就變成成績優異的學生。反之，得知自己的測驗結果較差的學生學習上也變得被動，而導師無意間所採取的教學方式也會讓學生表現得比實際能力更差。但這些學生和他們的導師都不知道，他們一開始所得到的智力測驗結果是隨機配給，與他們的真實能力一點關係也沒有。

從這個實驗結果來看，比起實際的智力高低，我們對自己的期待反而擁有更大的影響。人們都有自我實現的能力，也許我們很難分辨眼裡的自己是否真實，但有一件事情更為重要，那就是我們看待自己的態度。如果我們可以認真看待自己所做的一切，不管真實的自己為何，只對自己有信心，努力地去把事情做好，還是有可

能改變自己與別人對我們的觀點。像這樣相信自己目前努力的目標絕對會成功，我們的行動就會有力量，縱使遇到挫折也能夠堅持下去。

一個人的潛能很可觀，只要願意相信自己，給予自己鼓勵，給予自己機會去嘗試，我們即具備了實踐夢想的能力！

名人語錄

要有自信，然後全力以赴——假如你具有這種觀念，任何事情十之八九都能成功。

——美國總統，湯瑪斯・伍德羅・威爾遜

人們誤解了世界，反說世界欺騙了我們。

當一個人選擇先接受現實，他才會嘗試去找出解決問題的辦法。而真正會殺死一個人的，不是他所經歷的現實事件有多麼悲慘，而是這個事件帶給他多麼強的絕望感。

我回想國小的作文課，老師經常會訂定類似「我的志願」的題目，而大家認真寫下的偉大志願都是：當總統、當大老闆等等。好像很少人會寫出水電工、木匠、會計師之類的答案，也許，是因為當時的我們年紀實在太小，不清楚自己的能力與專長何在。年齡稍長，開始有社會歷練之後，我們的人生志願，則轉換為「你想要存多少錢才退休」或是「四十歲時，你在做什麼工作」。此時，我們可能會開始羨慕身邊已經有所成就的朋友，覺得自己只要能達到他的高度，或是賺得比他們多，

我們就會過得比較幸福。等自己真到了退休的年紀，又感覺自己的體力大不如前，年少輕狂所謂的理想更是提不起勁去實現。

青年時的自己看待那些稚氣的夢想，總不免說自己是被父母和老師所講的勵志故事給欺騙了。年老的時候，再看自己年輕時渴望實踐的事情，又覺得自己當時是被熱情沖昏了頭。太多時候，是我們自己沒有認真就現實去做省思，而錯把人們告訴我們的事情認定為真，等到這些不切實際的想法都落了空，才覺得自己上當受騙。這時候，我們難免心裡受創，難免因為希望落空而覺得沮喪，但誠如泰戈爾所言，我們看錯了世界，而不是世界欺騙了我們。

現實不會打擊你，絕望才會。

人本心理學家卡爾．羅傑斯（Carl Ransom Rogers）所分析的憂鬱症產生原因如下，當一個人所知覺的現實世界與心中所認知的理想產生極大落差，超過可以調適的範圍時，人就會產生絕望感。從這個觀點切入來說，倘若我們認為自己是非常具有才能的人，卻屢屢遭遇挫敗，現實與理想之間有了極大差距而心理調適不過來，就會產生憂鬱症。

面對這樣的情況，有些人選擇認清現實，盡力縮減現實與理想的差距。通常這樣的人，即使覺得憂鬱沮喪，很快就能夠振作起來；但有些人卻因為這段落差而否定自己。後者更容易逃避現實，促使憂鬱症變得越發嚴重。然而，一個人在面對挫折時的態度越正向，就越不容易被打敗，改變現實的機會也越大。

不幸的事情發生之後，勢必會帶給我們痛苦，但我們可以選擇積極去應對。畢竟，真正會殺死一個人的從來不是現實，而是人選擇放棄，對現實產生絕望的意念，才因此被現實擊潰。面對現實的最佳辦法就是**接受它**，因為唯有一個人看清現實並接受它之後，才會搜索枯腸地尋找解決之道。

我所能想到的最糟糕情況，就是一個人遇到困難後，寧可坐在原地埋怨詛咒這世界，而不願擦乾眼淚站起身來，把事情看個清楚。

瞭解現實，夢想才能成真。

人們總會因為現實太殘酷，而不願看清，所以懷抱夢想的時候，人們選擇搗住

眼睛，不顧眼前可能存在的危險，就貿然行事。因為人總覺得現實與夢想是相互抵觸，一旦我們看清現實世界之後，夢想似乎就遙不可及。但其實，看清現實對於實現夢想絕對有幫助。

倘若你想實現夢想，就必須要突破現實的限制，想突破現實的限制，就務必先**認清它**。人唯有認清了現實，才不會活在一廂情願與自以為是的念頭當中，因為過度樂觀而不夠謹慎，最終失去了原本的成功機會。

這是相當普遍的情況，人們對於生命裡的事件，壞事往往想得太糟，好事卻想得太美。莫忘事情是一體兩面，只要我們妥善處理生活中的麻煩事，有時反而會帶來意想不到的好結果。遇見好事也別高興得太過，因為好事之後，也可能跟隨許多不好的下場。所以，對於生命裡的事件，冷靜與客觀地面對，更有助於我們認清自我的定位，把握尺度，不至於因偏見而曲解了生命。

事情並沒有這麼糟糕，是你把事情想絕了。

正所謂，天無絕人之路。再糟糕的情況，總會有轉圜的餘地。所以，別一味地埋怨上天對自己不公平，你所遭遇的只是恰好發生在你身上的個別事件，實在無須放大解讀成為摧毀生命的炸彈。下次再逢不如意的時候，覺得世界欺騙了你的時候，不妨這麼想，事情不過是恰好在此時發生了！

名人語錄

每個人總以為自己的信念是正確無誤的。

——古羅馬詩人，普布利烏斯·奧維修斯·納索

一個人太忙於行善，反而無暇做善人。

許多時候，我們面對生活中一些應該立刻去做的事情，總是無法立即去做，總是會找一些理由拖延，而錯過做這件事情的最佳時機。但不管在何種情況之下，每個人只要有心想要去幫助別人，都可以做得到。

這句話在講述的是，人永遠滯留於思考階段，不付諸行動。如果人永遠在思考該如何才能做好，在琢磨的當下，就會錯過了做好這件事的時機。人在**想做**與**做**之間，常常浪費太多的時間，當你總在考慮一件事該不該做，實際上只是因為你缺乏做這件事情的決心。

泰戈爾寫下這詩句的時候，印度正處於戰亂之中，人們生活於飢餓與疾病之海，命在旦夕。同時也有許多人明明擁有這輩子都花不完的財富，明明是受過良好教育的高知識份子，卻選擇袖手旁觀。看到這種情況的泰戈爾於是感慨，這世界上有太多人只會嘴上說說，卻永遠沒有時間去幫助別人。

這就像大家所熟知的窮和尚與富和尚的故事。富和尚認為他必須要花時間積累財富，才能去南海朝聖，但當他還在準備的時候，窮和尚就已經朝聖回來了。其實，人們不需要將所有的事情全盤考量，才能採取行動，誠如孔子所說，事情只要「再思」之後就可以做了。至於那些有助於別人的事，只要有心，就快點去做吧！

這就是泰戈爾所說的，一心急於做好事的人，就沒有時間去做好事，因為他們想得太多，顧忌太多，而遲遲無法行動。

如果你只能救一個人，那就立刻救他吧。

二十世紀雖是動盪的時代，卻也誕生了許多偉人。在這些偉人當中，最令我感念與佩服的則是德蘭修女（Teresa of Calcutta），她終其一生在印度的加爾各答扶助貧苦無依的人們，所以於一九七九年獲得諾貝爾和平獎的殊榮。在德蘭修女的傳記中，記錄了一段讓她決定將自己奉獻於慈善工作的經歷——

一日，德蘭修女從火車的窗外望去，發現一位坐在樹下的流浪漢已經奄奄一息。就在她動念想下車看那人的時候，火車就發動了。等德蘭修女再坐火車回來此處，這個可憐的流浪漢已經去世。德蘭修女心裡懊悔不已！她心想，如果有人，任何人，在流浪漢臨死以前和他談談，他一定可以比較安詳地離開人世。

德蘭修女感覺這是神在呼召她要為窮人服務，於是回到修道院後，便向神父與總主教徵詢意見，但他們都建議她要忍耐且小心行事，不要貿然下決定。但是德蘭修女不能忍耐，窮人受苦的神情一直在她眼前浮現。她寫信給羅馬梵蒂岡的總會，請求許可她離開修女會。得到教宗的許可之後，德蘭修女以自由修女的身份行善，她接受了護士訓練，並展開她的行善事業。她秉持自己的信念，創立「垂死之家」，專門收容瀕危的窮人，讓他們有尊嚴地走過人生終點。

雖然德蘭修女知道自己並不能解決人類的貧窮，這些問題需要政治家、科學家以及經濟學家共同商議，但是她不能等待。既然她知道世界上有如此多的人正因為貧窮而過著毫無尊嚴的生活，她就必須先照顧他們。

德蘭修女曾經說過：「如果你有救一個人的能力，就立刻救他吧！不需要等你有救一千人的能力，再來做這件事情。」她一生未曾放棄任何一個行善的機會，她深切地知道，即便是猶豫幾秒鐘，那些需要幫助的人就可能在她的眼前死去。

曾幾何時，我們在生活中面對一些應該立刻去做的事情，總是無法立即去做，總是會找一些理由拖延，而錯過做這件事情的最佳時機。但不管在何種情況之下，每個人只要有心想要去幫助別人，都可以做得到。哪怕僅是非常微小的事，只要是自己能力可及，都要刻不容緩地行動。因為也許就在你的猶豫之間，一切再也沒有挽回的餘地。

做事就該放膽，就該全力以赴。

一九六四年，三月十三日，夜，三時二十分。在紐約郊外的某棟公寓前，一位叫朱諾比的年輕女子，剛結束了酒吧的工作。返家的途中，她遇到一個想要殺她的歹徒，於是大叫：「有人要殺我！救命！救命！救命！」此時，因為住戶們亮燈並打開窗戶觀看，這名歹徒就被嚇跑了。但當一切恢復平靜時，歹徒又再度回來。這回，朱諾比再度大喊救命，所以歹徒轉而埋伏在樓梯間。

在朱諾比與歹徒拉扯的過程裡，她的鄰居中至少有三十八位到窗前觀看，卻沒有一人前來救她，也沒有人打電話報警。最後，這名可憐的女子就這麼被刺殺而死，歹徒亦逃逸無蹤。

這個事件震驚了許多人，也引發學者們的討論與研究。後來學者們發現，只要是多人共同目睹一個需要幫助的人，就容易出現「責任分散效應」——每個人都會將眼前的事情視為別人的責任，進而袖手旁觀。換句話說，假想當時整棟公寓住戶只有一個人，他便會覺得自己必須要報警，因為沒有其他人會做，如果他選擇置之不理，就得眼睜睜地看這個可憐的女孩命喪黃泉。

從這個例子可以得知，面對應該做的好事，我們若有像德蘭修女一般捨我其誰的精神，就不會猶豫太久。如果德蘭修女總是在考慮自己究竟要不要做，或是在別人的勸阻下就放棄，那加爾各答的窮人永遠得不到幫助。面對應該做的事情，人們總有很多藉口，互相推諉之下，就錯過最好的時機。然後因為最好的時機錯過了，就更有理由不去做它，推辭說反正做了也沒有用。

請你不要因為萬般思量而猶豫不決，放大膽去做吧！如果你覺得這件事情對你而言非常重要，即使旁人都不支持你，也要像德蘭修女一樣放手去做！只要堅持去做，困難總會解決，路途上終會有志同道合之人與你為伴。

將你所擁有的最好東西獻給世界，過程中你可能會被踢掉牙齒，但不管怎樣，總是要將你所擁有的最好東西獻給世界。

——阿爾巴尼亞天主教慈善家，德蘭修女

如果你將一切錯誤關在門外，那真理也要被拒於門外了。

千萬不要畏懼他人的批評指正，因為批評指正對於一個人是有助益的。如果人們從來不批評指正你的工作，那你怎麼有辦法越做越好？錯誤讓人感到挫敗，但沒有經歷這些錯誤，哪能知道對的辦法？

錯誤帶來的後果確實很可怕，它會害你失去人們對你的信任。因此，長輩總是告誡我們，做人處事要謹慎小心，以避免失誤所帶來的後果。但是，人終究是人，不是機器，會有累的時候，也會有其他意外發生的時候，犯錯是在所難免。

犯錯或許很不應該，但一個人怎麼面對自己所犯下的錯，就是人格高低的證明。至聖先師孔子就曾被一位漁村的小童糾正，然而孔子非但沒有惱羞成怒，反倒頗有感悟地將自己說過的「生而知之」改為「知之為知之，不知為不知，是知也」，令學生們更為敬重他。

有些人則是為了掩飾自己的罪過，不惜撒謊騙人，目的就是希望人們不要發覺，以免失去人們的信任。然而這實是本末倒置之事。為掩飾過錯所說的謊言，更易使自己失去人們的信任；一個勇於認錯的人，有時反而更令人敬重。

勇敢面對錯誤，才能帶來契機。

巴拿馬總統里卡多（Ricardo Alberto Martinelli Berrocal）曾經因為護照上的國徽印錯，而在電視上向拿到瑕疵護照的民眾道歉。「唱名道歉」持續了四小時，即使中途有民眾致電總統府，建議總統停止道歉，但總統仍然持續地表達歉意。之後，一名人在海外的巴拿馬民眾打電話到總統府，說道：「總統先生，如果你對民眾們的建議如此不在意，我們還能指望你今後聽取我們什麼建議呢？」

里卡多這才有所顧忌似地抬起頭來問道：「你們真的可以原諒我所犯的這個過失？」

電話連線的那端民眾肯定地回答：「總統先生，我原諒你。」

這一句話，讓全國上下一片沸騰，電視機前的巴拿馬民眾無論總統能否聽見，都紛紛大聲喊道：「總統先生，我們原諒你！」

總統向鏡頭一鞠躬說道：「謝謝我可愛的巴拿馬民眾。」然後才走下講台。如此誠懇地面對自己所犯的錯誤，讓里卡多終於贏得民眾的諒解。

有些人不敢道歉，深怕一旦道歉了，就等於承認自己確有疏失，必須承擔做錯事情的後果。對這些人來說，道歉等於被人抓到把柄，讓人們有機可趁。其實，他們之所以不願道歉，不過是因為他們懦弱。除此之外，傲慢之人也不會輕易承認自己有過錯，即使他們對自己的錯誤心知肚明。因此越是位高權重的人就越不會道歉，他們認為一旦承認錯誤，就會動搖自己在別人心中的形象。所以，他們總會希望隨著時間過去，人們能夠慢慢淡忘這件事。

但是，一個人如果不願意面對自己的錯誤，就永遠沒機會彌補它，於是一輩子都必須活在內疚之中。況且為掩飾錯誤而說的一個謊言，往往必須用更多謊言來圓，更別提那份無時無刻害怕被揭穿的提心吊膽有多麼折磨人了。

承認錯誤，是追求真理的必經路程。

全歐洲人民都尊他為神的使者，他所擁有的權勢地位甚至高於王族或國家的掌權者，這便是十五世紀主教的寫照。他們是宗教領袖，十五世紀全歐洲的人民幾乎都是信徒，因此主教不僅地位神聖崇高，同時也握有政治實權。他們可以隨隨便便給婦女冠上女巫的罪名，然後將之活活燒死；為了斂財，他們向信徒販售贖罪券，佯言購買贖罪券能抵償他們的罪債。這種行為跟神棍沒什麼兩樣，但無知的民眾畏懼教會，也深怕會招致禍害，於是順從。

此時，有個人站出來為人民說話了。德國宗教改革家馬丁．路德（Martin Luther）抨擊教會此項腐敗的行為，他主張人不需要透過神職人員就能夠跟上帝溝通，他扭轉教會一直散播的不實言論，讓人們不再受蠱惑。可以想見，馬丁．路德所選擇走的路是多麼地艱辛，畢竟在當時得罪教皇比惹怒國王更加危險。但他堅持做對的事情，那就是獲得真理之前必先指證錯誤，他必須要證明大家習以為常的信仰是錯的！因為有馬丁．路德的堅持，才有後續的宗教改革運動。任何事皆是如此，如果沒有人站起來指出錯誤，沒有眾人的反覆琢磨，就不會出現對的聲音。

正所謂，嚴以律己，寬以待人。我們要求自己勇於認錯，但同時我們要體諒別人或許有無法認錯的難處。因為當我們基於某種因素而不能坦承過錯時，我們不也是希望對方原諒我們嗎？期待他人怎麼對待我們，就要怎麼對待他人；然而另一方面，我們不能與錯誤的信念同流合污，而行非法不義之事，即使它披著極為誘人的外衣。

當一件事情被驗證是錯的，它就越往真理邁進一步。當我們發現人生中的某些路行不通時，不妨換個角度想：「我已經知道這件事情做不到，那就好好收拾心情，往下一條路前進吧！」沒有一個人能夠不犯錯誤，但犯錯之後能從中記取教訓，這樣的錯誤也就值得了。所以千萬不要畏懼他人的批評，因為批評對於一個人是有幫助的。如果人們從來不批評指正你的工作，那你怎麼有辦法越做越好？或許錯誤讓人感到挫敗，但沒有經歷這些錯誤，哪能知道對的辦法？

面對錯誤，修正錯誤，就是在挑戰自己。唯有勇於接受挑戰，並且戰勝它，你才能成功。

名人語錄

凡在小事上持輕率態度的人，在大事上也是不足以信的。

——美國科學家，阿爾伯特・愛因斯坦

人走到喧嘩的群眾中，是為了淹沒他自己沈默的呼號。

人有一種神奇的力量，可以讓自己活在天堂，也可以讓自己活在地獄當中，而這種力量就取決於一念之間。人的境遇是無法控制的，唯一能控制的是自己對境遇的看法。

泰戈爾是個詩人，也是個思想家，因此他的詩句饒富深意，除了哲學意涵之外，還帶有幾分禪意之美。所以我尤其喜歡他的詩句。泰戈爾點出，人之所以刻意走進喧嘩的人群中，無疑是想將內心深處的喧鬧，淹沒在嘈雜的人聲裡。

人心情低落的時候，特別無法獨處；獨處時，總有千頭萬緒湧現。人會反覆不停地回想那些不開心的事，任何微小的塵封記憶，都會像尖細的針，不斷地往心裡頭戳。

正是這樣的時刻，無法控制內心欲望與煩惱的那些人，只能借助人群得到暫時的解脫。至於那些為逃避痛苦而流連於聲色場所，或以酒精麻痺自己的人，其實亦只是害怕面對自己。這樣從他人身上得到快樂的做法，最大的弊病在於，短暫的快樂結束之後，它所反彈的痛苦往往更大。

天堂與地獄，取決於你的一念之間。

面對內心的軟弱是一件難受的事，卻也是最佳的反思。

此時，我們會深刻去思考自己的人生，想想平時不會思索的問題。這是平時總被瑣事圍繞的我們鮮少可以做的事，思索生命存在的意義。雖然在網際網路與智慧型手機盛行的今日，我們可以隨時隨地透過通訊軟體（例如臉書或LINE）與別人溝通，卻沒有任何一種行動裝置，可以讓我們立刻進入內心，傾聽自己的聲音。

城邦文化創辦人詹宏志在一次與作家楊照的對談中，討論到作家強納森·法蘭岑（Johnathan Franzen）的《如何獨處》這本書，他們提及，在網路的大時代裡，獨處比人們想像得難，也比我們想像得有力。因為人唯有獨處的時候，才能誠

誠實實地面對自己心裡的每個問題，無所遁逃地思考這些問題。只要是創作者，都必須會獨處，在這個時刻，他才能把自己從日常生活裡瑣瑣碎碎的大小事中拉回，從容且有條不紊地整理繁雜的思緒，並且轉化為文字、圖像或是音符。

沒錯，獨處相當困難，特別是一個人心裡有很多事情過不去的時候。但獨處亦是一種強而有力的生活方式，它象徵著，你從別人手中奪回自主權，爭取一個完全屬於自己的時間與空間。

獨處能夠檢驗我們的生活質量。具有良好生活品質的人，可以融入人群，也不怕面對自己，他不需要刻意接近人群，也不躲避人群；不需要刻意獨處，也不怕獨處。與人群相處時，人們因為感受到他內心的平和而覺得愉快，獨處的時候，他充滿對於生命的感動與喜樂。因為他用正向的意念看待事物，所以他即便獨處，也宛如置身天堂之中；但當他滿腹狐疑、憎恨或內疚的時候，單獨面對自我自然比面對陌生人困難，因為他將掩不住內心的怒罵聲或罪惡感，無處可逃。此時，地獄就在心裡，令人痛苦不堪。

人有一種神奇的力量，可以讓自己活在天堂，也可以讓自己活在地獄當中，而這種力量就取決於一念之間。

心理學家阿德勒（Alfred Adler）認為，只要人願意超越自己所經歷的傷害與痛苦，反而有助於個人獲得更大的成就。阿德勒因為罹患小兒痲痺而不良於行，雖然這讓他感到非常自卑，但他告訴世人，自卑不是人追求成就的阻力，它可以讓人奮發向上，追求卓越，只要他願意超越自卑。阿德勒以自己為例，說明自己之所以努力追求學術上的成就，就是因為他想要超越這樣的自卑感。由此可知，缺陷不一定只會與人苦難。人唯有在體認到缺憾或痛苦的時候，才會激起想要超越眼前困境的決心，在內心凝聚為一股勇氣，推助自己去挑戰不可能。

所以下一次，當你經歷挫折與磨難時，先不要急著躲到人群中，或用物欲的滿足來逃避痛苦，請你靜下來，用心思考這些痛苦之於你的意義，從反思中找到超越極限的能量，使自己強壯起來！

由為他人創造喜悅，而忘記內心的煩惱。

同樣是走向人群，你卻可以採取另一種作法。這種走進人群的做法，不是藉由

人群來掩飾自己的脆弱，而是把目光從自己所承受的小小不幸，轉移到需要幫助的人們身上。許多人在經歷不幸的事情之後，反而更懂得同理他人的感受，進而選擇走進人群，去幫助更多需要幫助的人。所以我們可以藉由為他人創造喜悅而忘記自己的煩惱，並在施予人的同時找回改變不幸的力量。在幫助他人的過程裡，我們就沒有多餘的時間煩惱，這是一種徹徹底底遺忘痛苦的好方法。

心理學家塞利格曼致力於「正向特質如何對抗憂鬱情緒」的研究，他發現，只要憂鬱症患者真心誠意地去幫助別人時，他們的憂鬱情緒也會隨之降低，其效果超過任何心理治療。馬丁認為，這是因為幫助者在助人過程中會得到自我肯定，而這有助於提升幸福感。此外，受幫助者在被援助時所表現的愉悅感，亦會感染幫助者。這就是「送花者手染餘香」的道理。

我們若只想從他人的身上獲取快樂，這樣的快樂不僅短暫，其實也無法填滿內心的空缺，但如果轉向製造快樂予人，就會發現，從人們身上得到的正向回饋反而更多。失意時，別忘了想想泰戈爾的這句話，靜靜地傾聽自己內心的痛苦呼喊，然後化悲傷為動力，幫助自己也幫助別人，如此一來，就能獲得真正的寧和。

名人語錄

置身於人群，比獨處更加孤獨。

——美國作家，亨利・大衛・梭羅

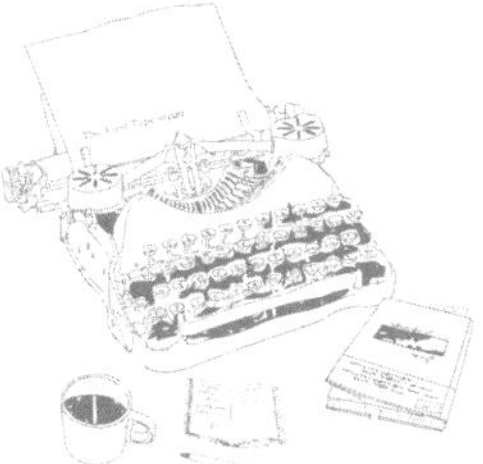

他把他的刀劍當作他的上帝。當他的刀劍勝利之時，他自己卻失敗了。

一個人的力量是有限的，一個人若想靠著爭鬥去獲得成就，即使成功了，朋友也沒了，剩下的只有孤獨。但如果懂得和別人合作，願意欣賞別人的優點，攜手實現共同的夢想，這樣的人才能戰勝現實。

我經常在報章雜誌上讀到家暴的案例，這些加害者時常振振有詞地說：「是因為他們不聽話，所以我才會動手。」儘管這些加害者的心中都渴望自己能被愛與被尊重，但因為他們使用暴力的手段，這些美好的事物便離他遠去。

拳頭底下真的能出真理嗎？暴力強權真的是他們得以達成目標的唯一途徑嗎？

德國赫赫有名的獨裁者希特勒（Adolf Hitler）正是槍桿子出政權的最佳寫照，他透過操縱國會而取得大權，在國內施行法西斯統治，他大肆搜捕共產黨人、猶太人和一切反法西斯主義者。希特勒的強權乍看之下成功了，不僅是他的敵人幾近滅絕，他發起的第二次世界大戰，更陷全世界於水深火熱之中。然而，他真正的目標——洗刷德國人因第一次世界大戰而背負的恥辱——並沒有隨著他的勝利而成功，反而讓全世界痛惡納粹的邪惡。

這正是「他把他的刀劍當作他的上帝。當他的刀劍勝利之時，他自己卻失敗了」的最佳寫照。

溫柔與慈悲的力量，如嫩芽般微小但堅毅。

許多改寫歷史的偉人，諸如印度聖雄甘地或是美國民權領袖金恩博士（Martin Luther King, Jr.），他們對於自己的理念都抱持著無比堅定的決心，但他們選擇以和平的方式來主張自己的訴求。他們難道沒有號召群眾的力量嗎？他們難道無法募得資金來購買武器嗎？他們之所以不以暴力對抗強權，是因為深知這種行為只會讓更多無辜的人斷送性命。

這些偉人的理想是帶給人民幸福與尊嚴，而這是暴力強權所無法真正達到目

標，暴力強權所能促使的，就是連綿不絕的爭端。不過這並不意味著這些偉人對於加害者的傷害毫不抵抗，他們只是相信，和平的道路得以讓自己堅持的一切更加擲地有聲。

美國作家梭羅（Henry David Thoreau）反對政府主張的蓄奴政策，他認為任何人都沒有權利視另一個人為自己的財產，擁有黑奴根本是嚴重違反人權。但是那些資本家為了自身利益，買通了政府官員，維持奴隸制度。面對這樣的強權，梭羅並不害怕，他除了不停地透過著作與演講來宣揚自己的理念，還以行動支持言論，寧可入獄也堅持不繳稅，寧可遠離人群，在荒野中生活。爾後，梭羅所著的《公民不服從》影響了俄國作家托爾斯泰（Leo Nikolayevich Tolstoy）等人，也觸發後續一連串的廢奴運動，直至林肯（Abraham Lincoln），美國終於成功廢除奴隸制度。

歷史證明這些人的觀點是對的，今日，我們不會頌揚納粹的德國精神，但我們會因為甘地的堅持而記得印度堅持獨立的那份驕傲，重視金恩博士所宣揚的種族平等。溫柔與慈悲是面對強權也絕對不低頭的力量，溫柔與慈悲的力量讓人們能夠不畏風雨地前行。就像一顆落到岩壁裡的種子，只要一點雨露和一點陽光就能生機勃發，以柔弱的嫩芽撐開堅硬的岩壁，將枝枒展向天際。

誰說對抗不合理定要以暴制暴？使用強硬的手段維護自己的利益，不代表人們不會起身抵抗；缺乏合理性的強權，終將會失敗。平和理性的態度則讓你的立場更加穩固，你所訴諸的理念亦更能折服人心。

起身面對壓迫，絕不妥協。

或許你沒有前述的人們必須面對的時代問題，不過在你的日常生活中偶爾也會遇到人們濫用權威的行為，比方說職場霸凌。

根據勞動部的定義，所謂的職場霸凌即是，人們於工作場所中濫用權力或藉由不公平的處罰，持續地冒犯、威脅、孤立或侮辱他人的行為。使得被霸凌者感到挫折與羞辱，進而自信心折損，背負極沉重的身心壓力。這些職場霸凌的加害者多半是主管，但也可能是一些表現優異而深獲上司信任的同事，無論是前者還是後者，這些加害者都有一個共同特徵，那就是他們相信自己有立場傷害別人，對他們而

言，這是他們展現權力的方法。然而，其實任何人都沒有權力對他人施加言語與肢體上的暴力，不管基於何種理由都不可以。

多數人一日之中清醒的時間，幾乎都待在工作場所，人們把全天裡最有精神的時段奉獻給工作。所以你與我也可以這麼看待工作這檔事，除了賺取生活所需之外，工作同時是表現自我價值的方式。那麼，當一個人視工作為痛苦來源時，他的工作表現自然極差，有他在的場合氣氛更不會好。

如果你因為現實而受了委屈，如果你正遭受職場霸凌，第一時間，請你先理性評估自己成為受害者的原因何在。是你不斷地重蹈覆轍而連累同事，踩到同事的地雷而不自知，或者單純是你有顆被害妄想的玻璃心？一旦確定問題並非出於自己，你就必須勇敢地為自己發聲，千萬不要一味地隱忍。同時，你也要增強自己的抗壓能力，否則與那些霸凌者溝通協調時，你的馬步就會不穩。

遇到不合理的壓迫，隱忍只會讓事情更糟，或許你能夠獲得短暫的風平浪靜，但長遠來看，於牽涉這件事的任何人都沒有好處。請你起身面對自己的恐懼來源，以平和的態度、堅定的立場來對抗它，如此一來，你的恐懼才有消除的一天。

名人語錄

不在沉默中爆發，就在沉默中滅亡。

——中國作家，魯迅

我寧願要那種雖然看不見，但表現出內在品質的美。

真正具有品德的人，不管在任何環境都可以顯現自己的與眾不同，並非他們刻意如此，而是因為這種內在的力量從來無法隱藏。人的力量是由內而外發，一個人必須先具備品德的力量，機會來臨之時，生命才會有翻天覆地的改變。

到底何謂美？

美，其實會隨著個人價值觀的不同，而有相異的定義。泰戈爾認為，那些眾人以為美的事物，像是外貌、名聲以及財富，這些足以向人誇口的東西，都會隨著時間褪去。然而真實的美被歲月淘選後，反會更加地光彩奪目，這種美便是看不見卻能反映出內在的品質。

埃及人相信人死後會有一場最終的審判，阿努比斯（埃及神話中的死亡之神）

會將人心剖出，因為好人的心輕如羽毛，壞人的心充滿貪念而無比沉重，所以阿努比斯將心放在天秤上，若天秤上的心往下沉，阿努比斯就會把此人的心吃掉，若是法碼平穩不動，阿努比斯就會把心還給他，讓他獲得永恆的生命。不僅是埃及人而已，世界上許多民族都相信死後的審判，相信靈魂是有它的質量。

一個有質量的靈魂，對於別人的苦難是不忍直視的。如果人可以看見靈魂的光芒，我相信善良的靈魂會發出溫暖的光，讓身邊的人感到溫暖。一個人的性情如果是美的，他必然如同曇花一般，在月光下緩緩展開細膩的花瓣以及淡雅的花香。這些蘊藏在內心的美，往往幽微，難以在華麗炫目的物質世界中被覺察。

德性如同星星，夜越深越顯得閃亮。

如同夜晚的星空，夜越黑則越顯其光芒萬丈，當世道混濁，德性的美就會從罪惡中反襯出來。品德，諸如仁義誠信，都屬人性良善的層面。不過人也有欲望與貪婪的本性，因此違反本性去追求這些良善特質，才讓這種特質彌足珍貴。

既然我們是群居的動物，每個人都無法脫離人類所組成的社會而生存，那麼無

論是否出於自願，你與我的行為總會影響到周圍的人。人們制定法律與強調道德，無非是為了維繫社會的和諧，讓每個人儘可能獲得生存的空間，因此我們對人的要求以及能給予的最高讚賞就是，他應是一位好同事、好朋友、愛與婚姻的良伴。而品德就是成為好同事、好朋友、愛與婚姻的良伴所要具備的。

但這些美好的品德不該僅是為道德框架而存在，它是個人內在修為的真實反映。人們每天都會花許多時間培養外語能力、進修職業技能，卻很少人會每天反思自己的言行。以往所謂的讀書人，除了熟讀書本上的知識，另外一個重要的課題就是修練自我。這些內在的修為會轉化成一種氣質，表現於我們的舉手投足之間。真正有修養的人，即使是生活困頓，也不會因為現實條件的窘迫而折損自己的品德。

真正具有品德的人，不管在任何環境之中都可以顯現出自己的與眾不同，並非他們刻意如此，而是因為這些內在的力量從來無法被隱藏。比方說，貧富差距日益懸殊的當前，臺灣的某個角落，有位女士大方地捐出辛苦存下的一千萬助貧，自己卻繼續過著勤儉的賣菜生活。陳樹菊女士所表現出來的就是一種內在品質的美，這樣的美我們平時看不見，但它也無法永遠掩藏，因為它終究是股不凡的力量。

尊重的力量，足以翻轉一個人的命運。

每個人都期待自己終能時來運轉，希望自己可以獲得改變的契機，徹底翻轉自己的命運。但是一個人真正的力量是由內而外發，一個人必須先具備品德的力量，當機會來臨的時候，生命才會有翻天覆地的改變。

我曾經讀過一篇故事，雖然不太記得出處，但內容讓我印象深刻。某日上午，一位頗有名望的富商遇到一個瘦弱的年輕人，他縮著身子在寒風中啃食發霉的麵包，面前擺了幾本舊書，顯然是在擺地攤。富商憐憫地將八美元塞到年輕人手中後，就頭也不回地走了。但是沒走多遠，富商就突然折返，從地攤上撿了兩本舊書，並說：「對不起，我忘了取書。您和我一樣也是個商人！」

兩年後，富商應邀參加一場慈善募捐會，席間有位年輕書商緊握他的手，感激地說道：「先生，我一直以為自己這一生就是擺攤乞討的命運，直到你對我說，我和你一樣都是商人，才使我樹立了自尊和自信，從而創造了今天的事業。」

我想，如果沒有那一句鼓勵的話，富商即使給了年輕人再多的錢，年輕人的人生也斷不會出現巨變，這就是尊重的力量啊！因此品德不僅能改變人與人之間的關

係，還有可能改變一個人的地位與處境。

人的內心存有罪惡，但亦有美好的品德，「尊重」只是諸多品德中的一項，其它還有憐憫、體諒、寬恕等等。這些品德即是人的內在美，這種美不需要外在裝飾，這種美總會感染周遭的人，令人們渴望去親近你、了解你，進而希望能變得和你一樣。想要具備這種美，唯有你不斷地鍛鍊自己的良善思維，才能夠辦得到。

名人語錄

品德是一種內在的力量，它能直接發揮作用，而無需借助任何手段。

——美國文學家，拉爾夫・沃爾多・愛默生

第四堂

如果你的感情之路充滿波折

放下對擁有的執著，真愛足以為你征服一切。

神的威權在柔和的微風而不是狂風暴雨中。

真心愛一個人，不是坐等對方來關懷自己，而是主動去溫暖對方。製造一個好的開端，可以啟動彼此相互關心的正面循環。如果愛的表現總是太過於任性，絲毫不顧慮對方的感受，那麼就算你拼命地奉獻，他也不想要。

大家都聽過北風與太陽的故事。故事中的北風與太陽在爭論究竟是誰比較強大。正好雙方看到有名路人身穿一件斗篷，於是跟對方打賭，只要誰可以讓那路人脫掉斗篷，就代表是誰比較有本事。於是，北風使勁地、拚命地吹，但吹得越厲害，路人越是將斗篷抓得死緊；輪到太陽的時候，他只是露臉曬了一會兒，路人立刻就把斗篷給脫了。

這個故事告訴我們，如果想要一個人順著自己，像北風那樣用強硬手段逼迫對方屈服，通常是事倍功半，即便對方真屈就了，多半也是出自於恐懼。但若是以太陽那般慈愛溫暖的方式，反而不需耗費太多力氣，就能使對方心悅誠服。這就是泰戈爾所說的，神的威權是在柔和的微風而不是狂風暴雨中。慈悲與溫柔的力量，永遠比強暴的手段更加強大，而且更容易帶來正面的回應。

愛情要經得起考驗，但不能經常考驗它。

相信大家都有和另一半起爭執的經驗，大至兩人未來的共同規劃，小至晚餐到底要吃些什麼，無論是再怎麼契合的兩人，畢竟就是不同的兩個人，意見不合是在所難免。

但是僵持的當下，若雙方都只抱持著「希望對方聽自己說」的想法，一股腦兒地說自己想說的話，不管別人願不願意聽，這樣的溝通往往是沒有效果的。反之，彼此如果能先冷靜下來，用心傾聽對方的意見，衝突就容易化解。

要建立一段長久的親密關係並不容易，雙方在過程中投注的許多時間與精力，時常就因為這一點小小的摩擦而破裂。等兩個人怒氣都消了，再怎麼悔恨當初過於

意氣用事也於事無補。所以情侶發生爭執時，千萬別用激烈的手段去爭取對方的注意，一來激烈的情緒易使人失去理智而犯下大錯，二來激烈手段的效果太烈，關係通常會徹底破滅，要再修復恐怕很難。況且，感情中的是非對錯並沒有絕對的答案，我們不一定得爭個你死我活，畢竟誰對誰錯並不是最重要的，首要的目標是讓關係變得更好。

心理學家斯金納（Burrhus Frederic Skinner）所設計「行為改變技術」，是用來協助人們建立對於生活有助益的行為，以此取代過去常用但對生活沒有幫助的行為。這套技術強調以心理學的方法協助個人主動增強好的行為，消除壞的行為。史金納建議，如果我們想要使用這套技術，則要對「想要增強的好行為」與「想要削弱的壞行為」先有徹底的認識，然後試著增強能夠促使好行為的誘因。藉由不斷地增強好行為，壞行為就會逐漸被削弱，那麼最後好行為自然就取代壞行為了。

從此方法來看，如果我們想要維持一段良好的關係，則要隨時留意怎樣的作為對關係的發展最有利，會給對方正向的感受，同時也得到對方正向的回應，如此良性循環下來，關係就得以穩定發展。

故事裡的北風無法選擇他的行事作風，真實世界中，人卻可以選擇成為北風或太陽。當你希望自己能被關懷，而對方沒有接收到你的想法或是不肯給予的時候，吵鬧、哭泣，甚至以死相逼，對他而言就好比狂風暴雨，就算對方真勉為其難地回應你，久而久之，彼此之間的關係溫度也越降越低，實在是一點好處也沒有。所以，你不如回過頭去思考，當初他到底喜歡你什麼地方？你又喜歡他哪裡？喚回讓彼此心動的微笑，喚回初始的快樂。

真心愛一個人，不是坐等對方來關懷自己，而是主動去照顧、關心、溫暖對方，製造一個好的開端，可以啟動彼此相互關心的正面循環。如果愛的表現總是太過於任性，自顧做自個兒想做的事、自顧自地要求而絲毫不顧慮對方的感受，那麼就算是你拼命地奉獻，對方也不想要。屆時兩人的關係就會趨向北風與路人的關係，路人只有包得更緊，穿上更多的武裝，好抵禦北風的吹襲。

真正的愛情，不會只有狂風暴雨。

一段愛情的初始，戀人們把彼此視為相見恨晚的知音，聊個三天三夜都停不下

來；愛到情濃之處，什麼都無法思考，只想融在彼此的懷中永遠不要醒。如果這時候受到家人的阻撓、學校的禁止、道德倫常的規範而無法繼續走下去，因為骨子裡的叛逆或禁忌的加溫，兩人之間的愛會更加轟轟烈烈，彷彿全世界只剩下你我而已；因為必須攜手對抗這世界的迫害，戀人們更緊密相依。然而，這一切很有可能全是熱戀的假像。

許多中學生才和網友見面不到十二小時，就相偕私奔，新聞裡也不乏年輕氣盛的偶像明星閃電結婚的花邊消息，然而試想，兩個來自不同家庭背景、對彼此的個性都還不甚了解的人，全憑一見鍾情的熱度就互許終生，是過於草率愚昧了。一段關係若還在欠缺共同經歷的階段，很多的感受只是出自於我們自己的想像；只是愛情那狂風暴雨的力道與聲響，恰好掩蓋了不安的事實罷了。

慢下來，不要那麼快。

揠苗助長的道理放在感情上也一樣受用。有些人可以成為真正的朋友，而其他人則適合做另一種朋友，透過仔細的觀察，你才有機會辨認出那個真正特別的人，那個適合做你最親密的情人或另一半的人，但這是需要時間的。

愛情不只有急功近利的欲望和狂熱，更多的是發自內心的溫柔，對彼此的體貼包容，以及綿長的記憶與思念。

名人語錄

人們日常所犯的最大錯誤，是對陌生人太客氣，而對親密的人太苛刻。把這個壞習慣改過來，天下太平。

——香港作家，亦舒

欲行善之人在敲門，獻愛之人發現門已敞開。

為了被愛而努力做一個「好人」，躲在遠處默默付出，期待對方終有一天發現燈火闌珊處的自己，這樣子做，還不如用心去接近和了解真實的對方。

使喜歡的人愛上自己，這是許多人心裡共同的渴望。

因此，我們努力表現自己、在愛人面前突顯自己，以為如此就能讓對方愛上自己。我們努力當一個「好人」，一個普世價值以為好的人！我們會如此做，是因為我們相信，如果沒有成為這樣的人，對方怎麼會愛上自己？

說到底，我們眼底所見的是一扇封閉的心門，我們自然以為自己必須得在外頭努力地敲著，對方才會回應我們。但是泰戈爾告訴人們，事實不是這樣的，也許對方的那一扇心門始終都是開著。欲當好人的人啊，心裡想著拒絕，眼裡看到的就是拒絕；對於真心愛人的人來說，他想到的則是該如何付出愛，如何去照顧他心愛的人，而這樣無私的愛能夠融化人心。

愛情是這樣的奇妙，沒有人可以迫使其他人愛上自己，愛是自然而然的事情。人總覺得自己能夠努力地讓一個人愛上自己，殊不知這只會把所愛之人推得更遠。

愛，是讓對方看見真實的你。

廣告媒體因為要行銷商品，會刻意傳播一些似是而非的觀點，讓人們誤以為若要得到他人的愛，自己則必須先具備幾項特定條件，例如，你的體型得瘦到能夠擠進模特兒身上的衣服才行，或是你應該要買下最新款的跑車，諸如此類。然而回過頭來問問自己，當我們決定愛一個人，真心想與他生活時，是因為對方有多纖瘦，或是對方多富有嗎？

我想並非如此。

你之所以愛對方，願與子偕老，絕大部分是因為他讓你心裡感到舒服，他讓你覺得自己在這段關係中如魚得水。

也許愛一個人，並不需要刻意表現自己有多好，期許對方看見後能愛上自己，反而應該是有一顆真誠愛人之心，給予對方無條件的關懷，對方自然就能看見你的善與美。眼下許多人是以彰顯自己的方式來表達愛，是以禮物與財物來展現自己雄厚的經濟實力，彷彿一隻開屏的孔雀，但其實愛不是這樣的，人需要感動，多過於昂貴的禮物，人需要體貼，多過於華麗的外表。

美麗的外表與傲人的財富，確實能夠吸引人們的目光，不過它們跟一個人是否能夠獲得幸福的關係並沒有必然的關聯性。如果具有這些外在條件就可以保證所愛之人能夠愛上自己，那麼明星與大企業家就能輕而易舉地獲得幸福了，但事實顯然不是如此。世人皆知，愛之所以珍貴，就在於它的無價，沒有任何有形之物可以換取它，人們必須以等量的真心相待，才能獲取一個難得的機緣。一旦有幸得到真愛，之後也要持續灌溉與細心照顧，它未來才能開花結果。

歌德（Johann Wolfgang von Goethe）的經典小說《少年維特的煩惱》是描述一位愛慕有夫之婦的年輕人因為苦苦得不到對方的愛，最後尋求極端的手段了結生命。這裡的維特，就是個不斷地敲門而不得其門而入的人。為什麼維特竭盡心思地尋愛卻仍不可得呢？在此之前，我想先提出一個問題：「維特所愛之人真是這位有夫之婦嗎？或者，他愛上的其實是心裡渴望的幻影？」

維特的故事不免讓我思考，也許這些在愛情中苦尋的好人們，之所以會覺得自己不斷地遭到拒絕、無法如願，只因他們追求的不是那位愛人，而是他們心裡美好的幻想。

人們太容易就將真實與心裡的渴望混為一談，我們心裡所幻想的唯美對象，在現實中可能完全不是這麼一回事。所以一段經得起考驗的關係，雙方必然得看到對方真實的模樣，同時也接受這樣的真實模樣。

奉獻的當下，愛即完全。

愛，在人們付出的過程中就已然完成，至於能否得到回報，那就是天意了。

詩人徐志摩曾對愛人陸小曼說過一句話：「愛，是全有全無的。」

他的這句話說來專斷，但我反覆思考之後，似乎也是如此。如果愛一個人是自然而然的事，在奉獻愛情的時候，我們必然是全心全意地給，怎能決定增減？我們

若可以決定自己要愛對方幾分，這樣的愛就成了一種算計，我們怎能夠算計自己的心呢？

因此，當一個人奉獻自己的愛時，他心裡想到的就是愛，他的行為裡充滿對於心愛之人的愛。他所想所求的，便是如何好好待所愛之人，他也不必再刻意做些什麼，因為該做的他都做了。在奉獻愛的時候，他並不會特別想自己必須滿足什麼條件才有資格去愛，因為他不求取什麼。所以對方是否愛自己，又有什麼差別呢？

愛人，是一種本能，亦是一種天賦。這種天賦是我們之所以為人的重要根本。我們並非憑藉動物本能就得以生存的物種，我們是何其幸運，能夠體會愛情的感覺，了解它是如何感動人心，飽嚐它帶來的痛苦。

這便是愛情的精彩之處，重點並非是否修成正果，終於求得交換戒指的那個時刻，而是在愛的過程中經歷的晴天與雨天。不必苦苦追求，當愛情自然到來時，我們那無數個等待愛情的日子，都是值得的。

名人語錄

得之我幸，不得我命。

——中國詩人，徐志摩

愛是理解和體貼的別名。

愛在理解之後，就會產生一種信任、一種體諒。因為知道他是個怎樣的人，我們得以對他的行為進行一致性的解讀，而不致於莫名其妙的因為誤解了他而導致自己受傷。

成熟而親密的關係該如何維持？動力肯定少不了「愛」，以及因愛而生的「理解」，和因理解而生的「體貼」。

儘管愛情一開始總是濃情密意，但隨著時間久了，無可避免地會產生嫌隙，忘記尊重對方而使彼此受傷。愛情雖然甜蜜，總還是有爭吵、猜忌與妒忌的成分。常言道，相愛容易，相處難。要如何維繫伴侶關係，實是一大學問。

我曾在捷運站裡看過這麼一對老夫妻，他們的身邊滿是堆積如山的貨物，看來平日是靠擺攤做小生意維生，今天剛批貨回來。老太太靠著老先生的肩頭小睡，老先生則枕著老太太的頭，臉上寫著疲憊的兩人雙手緊緊握在一起，嘴角帶著一絲滿足的微笑。這畫面真令人感動，即使生活再怎麼艱難，他們仍因活在愛裡而覺得富足。生命過程中得到如此伴侶，相知相依，是何等幸福啊！愛是一種理解與體貼的表現，眾人尋覓的愛情，或許在這對老夫妻身上得到了驗證。

以溝通與理解，讓愛情持續加溫。

「執子之手，與子偕老」是一段良緣的美好收場，不過要將最初的好感轉變為進一步的親密關係，並繼續「保溫」直到最後，這絕非易事。

兩個真心相愛的人想發展一段持續的親密關係，首先要有理解做基礎，學習觀察對方的行為、思想、表達方式和情緒，了解對方的喜惡，試著去當他最好的朋友。稍微想像一下，你最愛的人也是最懂你的人，這是何等快樂的事情啊。

人們有時會認為，對方一定都能夠感受得到自己付出的一切。但事實是，缺乏理解的默默體貼，一遇到對方沒心眼、粗線條，你的付出不但無法得到回應，還會自己氣到內傷。愛得好累，被愛的人也倍感壓力，簡直就是完全的反效果。

還有另一個需要去理解對方的好理由，如果你理解他，必然就會知道他的哪些言語是無心的，哪些行為是有意的，知道該如何跟對方溝通，知道被傷害的感情該從何修復。情侶之間彼此理解，各自的優缺點便了然於心，對彼此的表現亦心領神會，那麼，就能以恰當的方式作出體貼的反應。唯有在理解的基礎上進行心靈的溝通、思想上的交流，才會逐漸形成習慣與默契，你們的感情才會深厚而穩定。

愛在理解之後，就會產生一種信任、一種體諒。

因為知道他是個怎樣的人，得以對他的行為進行一致性的解讀，你就不致於莫名其妙的由於誤解了他而導致自己受傷；因為知道他是個溫柔內斂的人，因此當他突然說了尖銳的話時，要不是他發生了什麼嚴重的事，就是你真太過分了；因為知道他木訥寡言，所以就算他沒有時常將「我愛你」掛嘴邊，你也不會責怪他，或就此認定他不愛你了。

相信對方一定有什麼原因，才無法相伴；一定有什麼原因，才會不小心造成傷害，這就是因為理解而生的體諒，而沒有愛，就不會有體諒。這樣的體諒，不僅是體貼對方，同時也是體貼自己。

用珍惜的心對待你所愛的人。

詩人霍姆斯（Oliver Wendell Holmes, Sr.）曾說：「越是親近的關係，越需要圓融與謙和有禮的對待。」

雖不見得需要到「相敬如賓」的程度，但是可見古今中外對於感情維繫的態度相當一致。情侶之間相互尊重非常重要，因為雙方不為人知的弱點都暴露於彼此眼前，此時若不夠尊重對方，而故意往他的傷口上灑鹽，那麼信任的關係就破損了，感情也難長久維持。

時間在走，激情在消褪。

當愛情風暴中的所有激素都消耗殆盡了以後，親密和承諾才是決定你們能夠走多久多遠的主要因子。研究指出，激情的愛是化學觸發的反應，但長期的互賴互依則需要雙方共同參與。當一個人長時間被愛，將會與其伴侶發展出依附的親密關係。此時的親密包括知性與感性上的交流，相知相惜、默契以及信任；而承諾代表著個體因為愛一個人而願意經營關係、願意奉獻，承諾是具有未來導向的，它在某種程度上體現了兩人為彼此負責的意願。

「燒完美好青春換一個老伴」，這句歌詞恰如其分地說明，即使激情不再，兩人的交往也能散發友誼的光輝，逐漸走向柏拉圖式的，深厚長遠的相伴。

名人語錄

愛情不是花蔭下的甜言，不是仙境中的蜜語，不是綿密的眼淚，更不是死硬的強迫，愛情是建立在共同語言基礎上的。

——英國劇作家，威廉・莎士比亞

愛就是豐盈的生命，正如斟滿了酒的杯。

如果必須要看到對方實質的付出，才能證明對方是愛自己的，這樣的人要的不是愛人，而是一個奴隸。建立在這樣基礎上的感情不是愛情，只是愛情的贗品，或是行著愛情的名義，展現出來的虛榮。

人活在這個世界上，總覺得每天有盡不完的責任與義務，但在愛情中，一切就不一樣了。在愛情中的人，會覺得自己彷彿重獲新生。當我們身邊的朋友突然改頭換面，每天容光煥發的出場，好像變了一個人似的，大家就會異口同聲的說：「你戀愛了喔！」這就是愛情引人入勝的地方。

愛情悲劇《羅密歐與茱麗葉》中，羅密歐曾向自己的好朋友吐露心聲，他覺得自己因為深陷在愛情與家族之間的兩難而心情沉重。他的好朋友則安慰他說：「你

不是一個在愛情中的人嗎？藉著愛情，讓自己飛起來吧！」這是個有趣的比喻，它說明了，一個在愛情中的人，能夠藉著愛情點亮自己的生命。

你可以輕輕啜飲杯緣的泡沫，或是痛快地喝。

愛情就像擺在面前的一杯酒，你可以輕輕啜飲杯緣的泡沫，淺嚐味道就好，也可以痛痛快快地喝。人有時會因為害怕受到傷害而閃閃躲躲，欲走還留，這樣曖昧的姿態一開始或許會讓人覺得美，但若想持久經營一段關係，這可不是一項高明的策略。雖然付出越深，越是用心經營感情的人，在失去時會感到痛徹心扉，但是往往也能從這過程中感受到更多的歡愉。

愛情就像擺在面前的苦杯，痛飲才覺暢快，並真真切切地體會箇中滋味。

許多人想在愛情世界中扮演贏家，總想要多占點便宜，確保自己是有價值的，或是證明自己是值得被愛的。但其實愛情中唯有雙贏或一敗塗地，唯有彼此都感受到快樂，一段關係才能持續下去。如果必須要看到對方實質的付出，才能證明對方是愛自己的，這樣的人要的不是愛人，而是一個奴隸。建立在這樣基礎上的感情不是愛情，只是愛情的贗品，或是行著愛情的名義，展現出來的虛榮。

真實的愛與其贗品的最大差別在於，真摯的愛能夠充實自己的生命，拓展自己的視野，藉著對方的眼，延伸自己的世界。愛具有治癒的能力，藉由維繫一段正向的關係，人們可以修復心裡所受到的創傷。

要想維繫這樣的關係，你與另一伴的關係必須要建立在信任與對等的承諾之上。而那個能夠真心對自己好，在脆弱時可以相互依偎，在快樂時可以互相分享喜悅的人，自然會出現。

懂得愛自己的人，才有能力愛別人。

我們對待別人的態度，往往是我們如何對待自己的延伸。許多人認為，自己應該是最愛自己的人，但其實不然，因為成長背景所塑造的信念，有時我們是對自己最殘酷的人。一心想貫徹自己的信念，於是看不見自己的盲點，容易把其它不合理的事情也視為理所當然地去做了，沒有去思考其他的可能性。舉例來說，一個追求幸福快樂的人認為，擁有足夠的財富是幸福快樂的前置作業，所以他毫不節制地加

班，只為達成自己的財富目標，結果積勞成疾，無緣享受美好的人生。

愛自己並不容易，愛自己，必須經過學習。究竟該如何學會愛自己？當你遇到與個人信念衝突的事情時，請你先暫停動作然後思考。沒錯，在這過程裡，你會經歷撕裂，你必須要回顧自己的人生，你得跟殘酷的自己和解，最後才能找出適合自己的選擇。但唯有如此，你才能不斷地成長，表現出更成熟的愛。學習真正地愛自己，你便知道該如何持平地看待伴侶的需求，便能夠找出自己不委屈，同時也能讓對方感受到愛的相處方式。

愛情並不脆弱，只要雙方都抱持堅定的信念，即使經歷多少艱苦，也無法將其摧毀。但愛情也異常脆弱，甚至承受不了一個謊言。講白了，唯有堅信對方也同樣愛自己的時候，你們的愛情就經得起考驗，甚至無堅不摧，不過只要一個謊言辜負了這樣的信任，愛情的基礎就會瞬間冰消瓦解。

人生於世，必定得與他人維繫關係才能生存。我們所經歷的每段關係串成此生的所有記憶。一旦你將關係維繫得越好，留下的回憶就越甜美。因為越用心對待他人的人，往往會得到更多的回饋，這樣的一生回顧起來自然充實。

名人語錄

了解愛情的人往往會因為愛情的昇華而堅定他們向上的意志和進取精神。

——英國哲學家，法蘭西斯·培根

要是愛情不允許彼此之間有差異，那麼為何世界上到處都是差異呢？

熱戀中的人沒有明天，沒有自己。然而時日一久，再高漲的潮汐終會褪去、由化學物質劇增所引發的風暴也必有消散的一天。當絢爛的火花熄滅、當炙熱的心開始冷卻，剩下的只有疲憊和空虛。

一對真正的愛侶不在乎彼此之間有差異，甚至看不見彼此的差異，因為這些差異並不重要，他們包容彼此的一切，只因為他們相敬相愛。

但這個世界上存有許多差異，例如種族之間的差異、性別之間的差異、國別之間的差異與貧富之間的差異，每一種差異都可能引發歧視，演變成為衝突。

《衝擊效應》是一部講述因種族歧見而引發衝突的影片，人口激增與全球化潮流，讓美國境內壓抑下來的種族歧視與成見，隨著一點小摩擦爆發。影片中，每個族群相互依賴，卻也相互仇視，這種因差異而刻意強調的憎恨之所以發生，在於人們不能相親相愛。

印度與美國相似，同樣面臨多元種族與宗教紛歧的問題，泰戈爾感嘆地說：「要是愛情不允許彼此之間有差異，那麼為何世界上到處都是差異呢？」其實是希望人們可以學會用愛來化解因歧見而引發的衝突。

畢竟，雖然我們無法像愛侶般對差異視而不見，但我們可以深入了解彼此之間所存在的差異。因為了解就能帶來體諒，多一點尊重與關懷，人生裡許多會令人悔恨的衝突就不會發生。

激情之中的人並非包容差異，而是愛得盲目。

兩個在背景、性格、生活習慣以及人生經歷等方面都不同的人，為什麼能夠攜手經歷不同生命階段，共渡數十年的光陰，直到嚥下最後一口氣為止？如果可以參透這個道理，或許就能夠找到讓人們和平相處的方式。

每對情侶在相識階段，都曾經歷一段為對方痴狂的時光。愛情是盲目的，正是

在形容這些熱戀中的人們。戀人在彼此的眼中幾近完美，所有的缺點都瑕不掩瑜，他們進入一種融合的狀態，看不見差異，也沒空想起。但隨著兩個人相處的時間長了，愛情就陷入討價還價的局面，誰都深怕自己愛多了，超過對方愛自己的程度，即使是多一點點都不行。

愛情淡了，差異就隨之浮現，缺點就像遍佈的石頭，在日漸乾涸的河床裡隨處可見。

這時候，如果兩個人可以調整心態，重新認識對方，藉由雙方共同經歷的生活點滴，為彼此注入活水，關係就能細水長流地持續下去。但若彼此僵持，就是不肯輕易放過對方的缺點，歧見繼續增加，甚至斷然拒絕去了解這些差異所代表的意義，這段關係便就此畫下句點了，再度展開尋找新對象的旅程。

心理學家史坦伯格（Robert Jeffrey Sternberg）提出，一段圓滿且可以維持的關係，必須包含激情、親密與承諾三個元素，缺一不可。只有激情的關係是最短暫的，例如一夜情，這樣的關係會隨著激情消退而消失；只剩親密卻沒有激情與承諾的關係，則是友伴式的關係，兩人或許相處融洽，卻僅剩習慣；只有承諾的關係，兩人則相敬如賓，承諾成了形式，沒有溫度。唯三者皆有，這樣的愛情才可以持續最久——激情讓兩人世界充滿精彩，親密讓彼此能相互理解與支持，承諾讓雙方充滿安全感。

一段感情的發展初始必然會產生激情，它會伴隨生理上的亢奮反應而來（例如：心跳加速、呼吸困難與顫抖等等），甚至被人們當作判斷自己是否愛上對方的根據。這亦說明了，為什麼儀表堂堂的人常是眾人愛慕的對象，因為外貌最容易引發人們的生理反應，而這種強大的吸引力會讓人錯以為是愛情。激情帶來的暈眩感令人沉迷，其中的瘋狂令人既欣喜又痛苦，折磨著也誘惑著人們，但激情只是愛情的一部分。

在熱戀中的人們，往往誤解了愛的本質，認為真正的愛不需要溝通，以為對方總是能體會自己的心意，相信只要有「愛」就能克服任何困難，或是真正契合的伴侶不需要做任何的調整，但這一切都不是真的。當絢爛的火花熄滅，當炙熱的心逐漸冷卻，剩下的只有疲憊和空虛。

過了「激情」的階段，人們就必須要用「親密」來維持感情關係。隨著時間的

累積，愛侶對彼此的認識加深，自然而然會產生親密感。接下來，為了繼續維持這樣的親密感，我們會給予這段關係承諾與協議，使關係免於斷裂。然而承諾並非長久之計，前面我已經解釋過了，只有承諾沒有親密或激情的關係令人感到窒息，所以我們必須回過頭來加添新的花火，讓關係可以持續。換言之，兩人的共同經歷會增加彼此的親密感，必須要共同撫育下一代的責任與義務則會形成新的承諾，靠著創意與熱情可以產生激情，如此一來，兩人就會在關係中獲得充分滿足。這就是最完美的狀態。

但許多愛侶的關係就像《控制》這部電影中的男女主角，兩人相遇時就因為喜歡上彼此的優點而甜蜜得羨煞旁人，順利步入婚姻之後卻因為相處時間增長，發現對方不如自己想像得完美，原形畢露之處令人難以忍受，再加上柴米油鹽的壓力無所不在，最後導致一連串血腥事件發生。

我經常聽到交往三個月的情侶或者蜜月回來的夫妻吵架，內容百分之九十含有「你變了」、「原本的你不是這樣的，你以前都……」的指控。但人們企圖在有好感的對象面前經營美好的形象不是很正常的事嗎？所以你的伴侶在戀愛初期因為想要博得你的好感而製造假象也不足為奇啊。倘若你天真地相信你所見到的對方就是他表現出來的樣子，日後相處時自然會產生印象落差。

我們不該忽略人會有好習慣，也會有壞習慣，也許對方是一個親切的好人，但他也極有可能是個沒有原則的人。意識到這點之後，就像每個人都希望別人可以包容自己的缺點一樣，試著去包容別人的缺點，你就會發覺差異或許並沒有這麼地罪不可赦。

愛不傷人，傷人的是表達愛的方法。

在相處的磨合期時，人們總不免琢磨這個問題：「如果你愛的是**真實的我**，那又為何希望我改變呢？」

這個問題永遠不會有正確解答，因為人是說變就變，即使是相同的事情，隨著情境不同，便會引發不同的想法。與其執著地想得到這個問題的答案，不如換個角度思考，如果你愛對方，只要稍做改變就能讓對方更愛你，你為什麼不能改變呢？誰說原本的你一定比現在的你更好呢？

這也是值得深思的地方，我們明明心裡愛著對方，卻總是說出相反的話，或是做出相反的舉止來刺傷對方。所以人們才說：「愛會傷人。」作家張愛玲的短篇小說《金鎖記》講述的正是一位因為愛而傷人的母親。這位母親為了把子女留在自己身邊，讓他們吸食鴉片，使他們被迫仰賴母親經濟上的援助而無法自立，因此葬送屬於他們自己的人生。

愛的本質並不傷人，傷害人的在於人們表達愛的方式，人們用錯法子來愛人，最後當然得到反效果。

學習用對方可以接受的方式來愛對方，並不是一件簡單的事情。因為每個人都有自己獨特的一面，這樣的獨特性就有專屬的需求，而想讓對方感受到愛，就要能滿足對方內心真正的需求。想做到這件事情，你必須用心去了解你愛的人，然後不斷練習，不斷練習。

確實，我們這一輩子會不停地犯錯，所以我們更要像勤奮聰明的學生一樣，努力去修正每個錯誤，避免重蹈覆轍。就如同我們能夠包容愛人所犯下的錯一般，我們要相信，所愛之人也同樣願意包容我們的過錯。

名人語錄

愛情沒有規則，也不應該有條件。

——英國散文家，約翰・黎里

我們不應該不惜任何代價地去保持友誼，從而使它受到玷污。

過了愛做夢的青春時期，友誼不需要承諾也能自在的長駐人心，不需要捍衛也會自動和你靠在一起。一段真摯的友誼，能讓你相信這個世界上再怎麼黑暗還是有光，無論多麼孤獨還是有人會支持陪伴。

在這個世界上，有些情感是注定的，有些情感純粹出於生理的吸引，而有些情感，真真切切的是出自你的「自由意志」，那就是友情。你無法決定自己的父母是誰，你可能很難控制自己愛上誰，但你一定可以自己決定要和誰成為朋友。這幾乎是出於自願的、不需懇求的那般神聖純潔。

只要人群聚在一起，就會因為對彼此的好惡而自動畫分敵友；只要兩個以上的人湊在一起，彼此釋出一點點善意，再加上共同的話題、目標、活動、甚至僅僅是處在同一個環境，友誼都可能萌生。夏令營的同組學員們、避雨於屋簷下而感百無聊賴的機車騎士、參加會議的同桌夥伴，甚至是經常上門光顧的客人——似乎一個人在一生中遇到了多少人，就有多少種發展出友誼的可能性。

以我自身的經驗來說，我就有個認識超過十年，偶爾也碰面、互相幫助、能夠聆聽彼此的煩惱的朋友，但至今仍不知道彼此的真實姓名。相較於親情的錯綜複雜、愛情的專一排他，對大部分的人而言，友誼是那樣地輕鬆安全而令人感到愉悅。

友誼就像釀在歲月裡的酒，越陳越香。

朋友相處，不像家人常因為住在一起而產生無可避免的摩擦，或者如情人對雙方價值觀或生活習慣的一致要求那樣嚴苛，因為朋友之間只要有個共識，就能容許彼此保有最大限度的原始模樣，友誼的存在就是具有如此的彈性和多樣性。舉例來說，其中一種朋友是，久久見一次面，一口氣把一年份的風雨交代清楚，你說我聽，我說你聽，有痛苦可以流淚，有歡樂可以大笑，然後又是分開一年；另一種是，隨時能夠見面，生活中的細節都可以分享半天，時刻掌握對方的動態，就連吃

飯睡覺的作息都是相同頻率。兩種截然不同的互動方式，卻都是真切相惜的友誼。

當然，就像所有的人際關係，友誼也會受到考驗。諸如這類的故事屢見不鮮：兩個知心好友因為一點誤解而大吵一架，認為自己遭到對方的背叛，所以故意在背後造謠中傷對方，想給對方一點教訓。然而，報復性的謊言所引發的效應，經常會脫離人類的掌控，就像有了生命，每一次的口耳相傳，都使得傷害如同被澆水施肥般迅速茁壯。

幸好友誼和愛情之間最大的差別，在於人們對友誼的寬容，友誼的「可修復性」對人們來說真是禮物啊！就算在這個過程中造成的傷痛尚未平復、就算錯誤未必都會被彌補，但只要雙方肯放下身段，好好地去聆聽、理解和道歉，朋友之間的那份情誼永遠不會消失。

友誼不似愛情濃烈，但如細水長流。

愛侶分手後是最熟悉的陌生人，那麼緩慢曲張而淡出的朋友呢？

打工的夥伴、研習營的室友，我們在任務的當下同進同退、義氣相挺，任務完成後關係也就宣告終止了；高中時期的我們有共同的目標，同樣必須完成的事情，但考上大學後約定就解除了。成長就是這麼一回事，因為朋友們有各自不同的人生目標，各奔東西是一定的，見色忘友是正常的，臨時失約是不足為奇的。

無論是你曾經花好多時間累積的，還是萍水相逢的友誼，皆可能如此。畢竟，為了適應我們在社會上的多重角色，為人子女的同時，也為人父母，在家庭與事業之間切換，我們還有多少時間、多少力氣去維繫友誼呢？當一個成年人遇到了重大的挫折與壓力，能夠給予實質協助和支持的是同居的家人和同事，而那個曾一同走過光輝歲月的朋友，往往是遠在天邊救不了近火。

這樣想起來，真是令人感慨啊。

然而，人之相知，貴在知心，友誼最慷慨且最仁慈的地方，大概就在於此。因為能夠理解工作、結婚與生子是人生中的重大任務，所以朋友多半能夠體貼我們的見色忘義，因為要加班而無法出席聚會，能夠理解距離和時光造成的必然和無奈，所以朋友不會任性地要求我們，而是獻上真摯的祝福。

過了愛做夢的青春時期，友誼不需要承諾也能自在的長駐人心，不需要捍衛也

會自動和你靠在一起。也許一同笑鬧的機會少了，但一段真摯的友誼，能讓你相信這個世界再怎麼黑暗還是有光，無論多麼孤獨還是有人會支持陪伴——只要你需要，他就會在那裏，直到永遠。如果為了那更偉大的愛而犧牲友誼，也是沒有辦法的事；不過如果能夠保持下去，那麼，它就能真的達到完美的境界了。

名人語錄

友誼就像陶器，破了可以修補；愛情好比鏡子，一旦打破就難重圓。

——美國作家，喬希・比林斯

生命從世界得到資產，愛情使它得到價值。

我們因愛而生，因生而愛。愛，是那與生俱來的，可稱之為人之本性的特質，它讓我們能夠專注、重視自己生存的環境，以及攜手相伴的人們；是愛的神祕、愛的激情、愛的華美與甜蜜，讓生命之舞得以持續不歇地跳著。

人剛誕生於世上的時候，既孤單又脆弱，軟綿綿、紅通通的，除了吃、睡以及哭鬧，什麼都不會，完全沒有生存能力。幸好，大多數的嬰兒有母親照顧，母親會弄給他吃、哄讓他睡，在他哭的時候努力搞懂到底怎麼回事。媽媽幾乎與嬰兒寸步不離，唯恐自己稍一閃神或忽略了什麼。而嬰兒什麼都搞不清楚，但是沒關係，有媽媽就什麼都不用怕，天塌下來有媽媽在。

孩子漸漸的長大，學會用眼睛看、用嘴巴問、學會移動、學會好奇的探索。我

們側耳，傾聽雲朵灑落雨水、傾聽草葉萌芽；我們睜眼，看見蔚藍的天空擁抱白雲、看見貓追逐老鼠、看見母親對自己的微微一笑。時間在探索中化作音樂，陽光在葉隙間投下笑聲。我們成長的環境受到呵護、我們被相遇的人群寵溺著，我們恣意地從世界中汲取各式各樣的資訊，一步一步拓展自己的領域。我們從世界中得到一切成長所需的資產，但是獲得這一切的我們，存在於這個世界上是為了什麼呢？

愛能夠重新點燃生命的火花。

這個問題非常古老，也從來沒有答案。我們所認識的世界，從有稜有角變得越來越圓滑。我們所認識的道德，也隨著各式各樣的關係與定位，而模糊不清。如今好像再沒有什麼事情是重要的，也沒有什麼事情是人們不能放棄的。我們彷彿活在一個岌岌可危的星球，生命亦走向崩解與衰亡。於是，我們開始害怕孤單，希望有一個人能夠理解我們，能夠陪伴身邊，共同製造生活的意義與價值。

世上美麗的事物都有崩壞的一天，生命打從最初就無可避免地會邁向終結，或急或緩，總之沒有人逃得了一死。但因為一些人不離不棄的照料與陪伴，讓我們得以在這個張牙舞爪的世界裡存活，並且有勇氣朝自己的心之所向前進；是那些巧笑倩兮的身影、如泣如訴的眼神，讓我們奮不顧身地向未來與承諾奔去。

從愛人與被愛的過程中，我們可以重獲新生，再次感受生活的意義與價值。因為，我們付出的愛改變了對方的生命，對方對我們伸出的雙手點亮了我們的生活。走進彼此世界的這個過程中，我們靠著打造共同的經歷又再活了一次。

愛是一種本能，一種與生俱來的天賦。

電影《星際效應》中，有這麼一段台詞：

「也許愛具有我們尚未能參透的意義，也許愛是更高次元空間的產物，只是我們尚未能有意識的察覺……，愛是唯一能夠穿越時空的物質，也許我們應該相信愛的力量，儘管現在的我們還無法了解。」

電影中的女主角，因為相信自己對愛人的思念必然蘊含了愛的能量，所以即使在相隔數十萬光年外的另一個星系，她依舊在尋找愛人最後的所在位置。因為，她相信愛比任何科學證據都更加有力，愛是一種穿透時空傳遞的能量，當中必有人類

生存的答案。

我們因愛而生，因生而愛。

愛，是那與生俱來的，可稱之為人之本性的特質，它讓我們能夠專注、重視自己生存的環境，以及攜手相伴的人們；是愛的神祕、愛的激情、愛的華美與甜蜜，讓生命之舞得以持續不歇地跳著。所以不要因為曾經受挫而不敢愛，不要因為懷疑而不去愛，畢竟「世上情愛萬萬千，不屑一顧枉為人」。

名人語錄

愛情、希望、恐懼和信仰構成了人性，它們是人性的標誌和特徵。

——英國詩人，羅勃特·白朗寧

第五堂

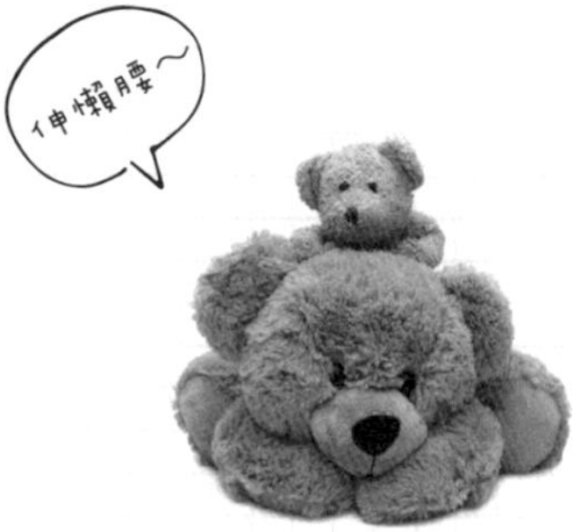

如果你對人生感到失望

把持心靈的火把，就能抵達夢想的彼岸。

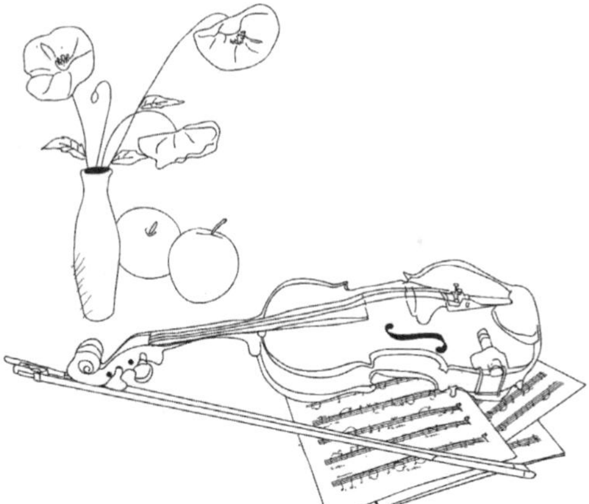

使生如夏花之絢麗，死如秋葉之靜美。

如果你正值青春，覺得自己仍有大把時間可以揮霍，有體力可以投注在每一項嘗試上，千萬不要客氣，放手一搏吧！在這個如夏天花朵一般的年紀，就該作夢，就該勇敢去挑戰任何的可能。

日文裡有句諺語是這麼說的，一期一會。

用以形容那些錯過就不再的美好，例如吃到當季食材的感動，或是與生命中最重要的人相遇的那一刻。這些僅在特定時刻才能短暫擁有的美麗事物，特別令人驚艷。生命中的每次事件都在歲月中慢慢發酵，然後選在最適當的時刻表現。一個人從初生到死亡，經過數十個寒暑，累積無數的歷練，而其中每個生命事件都有一期一會的美麗，當下若沒有好好把握，就會留下無法彌補的遺憾。

泰戈爾藉一年四季比喻人的一生。年少時，要有年輕人的志氣與豪情，年邁時，就該有長者的豁達與睿智，如此才是順應生命的節奏，如同世間萬物。

青春就該揮霍在壯麗的夢想上。

你曾看過夏天怒放的鳳凰花嗎？

鳳凰花唱著驪歌，以火放的舞姿向畢業的學子致予祝福。年輕的生命就像這些盛開的花朵，如此絢爛美好，絢爛的夏花、絢爛的人生，這是多麼令人崇仰的情景啊！讓人不禁希望生命若能停留在這一刻，該有多好。

但這是不可能的，青春再怎麼美好，它都必然走過。所以如果你正值青春，覺得自己仍有大把時間可以揮霍，有體力可以投注在每一項嘗試上，千萬不要客氣，放手一搏吧！在這個如夏天花朵一般的年紀，你就該作夢，就該勇敢去挑戰任何的可能。

公益旅行作家褚士瑩曾經任職於跨國企業，他的職務內容就是到一個國家開一間新公司，公司成立後，就前往下一個國家再開一間。薪資待遇高又可以到處旅

行，是一個令人羨慕的工作。他原本也想像一般人一樣，工作到四十歲，退休後再去做自己喜歡的事情。但在三十歲時，他突然發現這不是他想要的生活，這些「旅行」不過是工作而已。

有些事情到了四十歲再做，就已經找不回做這些事情的初衷與熱情了。因此，褚士瑩毫不猶豫地投入國際非營利組織，擔任顧問。此時，工作對他而言不再是工作，而是一種人生的志業，一個灌注熱情與實現夢想的地方。他說道：「人在三十歲以前，一定要著迷於一件事。」年輕時就該努力去做自己想做的事，培養一種屬於自己的專業。

這個社會需要各種專才，所以不管這項專長再怎麼冷門，只要社會上至少必須有「一個人」將它做得很好，它就值得你投入。所以你不需要去迎合所有的價值觀，更不需要去學會所有的事情，而是應該找一件真正想做的事。換言之，你要致力於培養自己「一個人」的專業，再用這樣的專業去打造一個屬於自己的夢想，你才能在夢想中活得精彩。

青春的美好，不僅在於苗條的身材與緊緻的肌膚，更重要的是對於世界抱持新鮮與好奇的年輕心境。即使醫學美容再怎麼發達，可以將人的樣貌保持在二十歲，卻無法挽回一顆蒼老的心。一個擁有年輕之心的人，他對於這個世界會有所期待，他願意投注自己的生命去讓這個世界變得更美好。他不會勢利地盤算，自己做這些事情能得到什麼回饋，自己又會失去了什麼。他之所以這麼做，是出自於真性情，因為唯有如此，他才能釋放生命的能量，成為照亮夜空的煙火！

死亡不是盡頭，而是嶄新的起點。

一個已經活過精彩一生的人來到生命終點時，他是抱持怎樣的心境呢？

我想在這時候，死亡對於他而言，已經不再是一種恐懼或是無可能奈何，而是一種祥和寧靜，就像白天玩得盡興的孩子，在夜裡睡得香甜。如果我們沒有盡力揮灑青春，走到人生的盡頭時，難免抱持遺憾。也許是遺憾自己遇到心上人的時候，沒能多表達自己的感受，沒有與他多分享歡樂；也許是遺憾自己對於該做的事情，立場沒能更堅定，沒有勇氣去對抗現實。但遺憾無用，因為生命不可能回頭，我們無法修改任何一個片段。

二十世紀爆發了兩次世界大戰，促使許多哲學家思考生命的意義，因此誕生了很多偉大的哲學思想，存在主義就是其中重要的一派。由於戰爭葬送了許多年輕的生命，「活到老」不再被視為理所當然的事情，當人們能否活到明天都是個未知數，存在主義提出的問題便是：「如果你知道自己明天就會死，哪些東西對你而言才是重要的？

人在面對死亡的關頭，每件事物存在的價值才會赤裸裸地突顯出來。如果你明天將死，金錢重要嗎？學位重要嗎？感情重要嗎？這些問句可以無限地延伸下去。當人們意識到生命有所節制，才能直視生命裡萬事萬物的價值。

死亡，是每一種宗教的重要命題，它們分別向人們解釋該如何看待死亡。不論基督教或佛教，在談論死亡時都免不了和死後的世界連結，但儒家思想卻不是如此。當孔子的學生詢問死後世界，孔子回答道：「未知生，焉知死。」

生就是生，死就是死，生死乃自然本分，所以何必去討論死亡之後如何如何？一個人事親至孝，為子女與朋友付出，雖然竭盡心力而死去，但是同時人類這個群體裡又有其他新生命誕生，所以他的思想與智慧得以延續下去，沒有消失。因此，面對生命的盡頭時，這樣的人便可以坦然接受最終一刻，如靜靜落下的秋葉，那般地安寧美麗。

名人語錄

一個人最可悲的事，莫過於思想的稚齡與心境的蒼老。

——加拿大作家，瑪格麗特．愛特伍

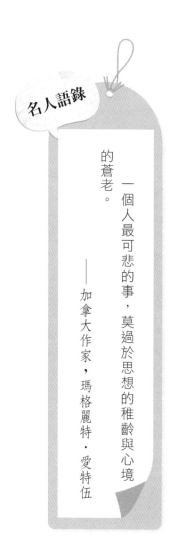

我們只有奉獻生命，才能得到生命。

心願與現實從來不是分開的，若你覺得心願與現實是分開的，那是因為你沒有勇氣選擇自己想要過的生活，以及問自己，為了自己想要過的生活，你願意付出多大的代價。

人們常在年初訂下心願，覺得應該做點什麼來改變自己的人生，但是心願撕了又寫，寫了又撕，生活似乎也沒有多大的改變。如果細想自己究竟為這些心願付出多少努力，大概就能夠知道失敗的原因。

要是你仔細去觀察那些為生命做出極大改變的人，就會發現，想得到不凡的成就，就要投入相對深沈的付出。英國足球明星貝克漢（David Beckham）年幼時，每天都在公園裡練習踢球，日復一日，從不停歇。他練習踢球之頻繁，讓家人開玩笑地說他簡直是想乾脆住在公園裡。貝克漢從小只有一個心願，就是成為一名足球員，不達到這個目標，絕對不放棄。為了實現這個夢想，他奉獻自己的生命，將所有的熱情投注在練球上面。

只有奉獻生命，才能得到生命。

但這句話是有優先順序的。你若想要獲得豐富的人生，就必須先犧牲時間、精力，甚至把全部的生活用於開拓自己的人生，最後就能獲得生命的謝禮。

浪費時間，就是浪費生命。

每個成功的人都不只經歷一次的低潮，不管那是由於出身環境或是創業時遭受的挫折和打擊。

刑事鑑識學專家李昌鈺初到美國留學時，身上僅有五十元美金，他和他的妻子每天去餐廳或洗衣店打零工，換取生活所需。其實原本他在台灣當外事警察的薪水與待遇都算不錯，還可以提早退休，但他寧可選擇冒險而放棄穩定的生活。李昌鈺豁出去了，他將生活的安定拋諸於腦後。雖然他也會害怕失敗，但正因為害怕一無所有的心態，讓他無論如何也要咬牙撐下去，直到成功的那一天。面對挫折時，李

昌鈺總告訴自己再多努力一點吧，一定會成功的！所以他保持熱忱與開朗的微笑，摩拳擦掌去忙碌自己工作，不再為這些挫折憂慮。

許多人總以為心願和現實是分開的，總覺得理想很難在現實中實現。他們每天上班，就是把自己所有的精力花在一份不情願的工作上，以賺取基本的生活所需。下了班，他們拖著疲憊的身軀回到家，躺在沙發上或床上滑手機，或是找朋友去吃吃喝喝。這樣的生活談什麼理想？

不過只是為生活而生活，哪裡來的夢想？

從小到大，我們常聽到這類的話：「有夢想很好啊！但是等生活穩定之後再去追求夢想吧！」這些人口中所謂的「生活穩定」，不外乎就是先找個可以養活自己的穩定工作，存點錢就結婚生子，接下來的生活重心就放在扶養孩子長大。

但是心願與現實從來不是分開的！若你覺得心願與現實是分開的，那是因為你沒有勇氣選擇過自己想要的生活，以及問自己，為了過自己想要過的生活，你願意付出多大的代價？或許你現在過的日子並不理想，不過你總能試著讓它變得更好。只要你願意不斷地努力嘗試，直到生活變好為止。如果你還有一口氣在，就不要輕易認輸，而要盡心盡力地為自己的生命付出！

李昌鈺從年輕到現在，一天只睡四個小時，但耗費十幾個小時追求志業。你不妨回想，你昨天到底工作了幾個小時，又有多少時間被不經意地浪費掉了？誠如班傑明・富蘭克林所說：「浪費時間，是所有支出中最奢侈昂貴的一種。」浪費時間就是浪費生命，而你有多少生命可以浪費呢？

你要把生命都花在最值得做的事情上，這樣才對得起自己。你應該時常問自己，你一天可以奉獻多少時間，花多大的努力在自己的人生目標上。屆時你就會猛然發現，原來你的時間都耗在抱怨不如意之上，所謂的理想生活自然永遠不會到來。偷懶一天並沒有偷到一天，其實是犧牲了一天。你要把握任何一絲一毫的時間，不可浪費，要把時間都用來做自己喜歡的工作，才能成就精彩的人生。

從今天起，請你停止抱怨自己的人生，仔細思考自己究竟想要什麼，然後讓行動與你的思想保持一致，在這個過程中，你就會扎實地感受到生命逐漸成長，人生就此開闊。

永不言棄，努力之花才能盛開。

心理學家齊克森（Mihaly Csikszentmihalyi）提到，人在做自己喜歡的事情時，會產生「心流經驗」，心流促使身體分泌更多的腦內啡與腎上腺素，讓人擁有長期的專注力與持續力，同時亦激發創造力。講白了，熱情助你提高專注力，忘記長時間工作的勞累。

忙碌且積極的工作，甚至還能讓你忘記憂愁或悲傷。

勵志大師拿破崙．希爾（Napoleon Hill）說：「努力的花朵，只有在一個人堅持不肯放棄後，才可能完全綻放。」在經歷低潮時，不少人都會藉由熱愛的工作來治療自己，而這療效可能不僅止於當前，它也能是長遠的。

貝多芬（Ludwig van Beethoven）在四十六歲時就完全失聰了。雖然聽不見聲音，但他還是將自己剩餘的人生毫無保留地奉獻給音樂，不願放棄。他沒有時間去想失聰的苦痛，他將每一分每一秒都用在創作上。於是貝多芬在音樂史上留下了「樂聖」的威名，晚年創作的交響曲之一，便是最廣為人知的《命運交響曲》。

或許你不敢奢想自己擁有如貝多芬的成就，但你的腦海裡總有個想法，想要有一番對得起自己的作為，想要超越自己。你總是想，即使不能增加生命的長度，但要增加生命的寬度；你總是想，我應該靠自己的力量，實現可以在晚年反覆回顧的成就。

威瑪．魯道夫（Wilma Glodean Rudolph）有二十一個兄弟姊妹，她排行二十，是個早產兒。四歲時，因為患了肺炎和猩紅熱，引發了小兒痲痺。九歲時，威瑪脫掉腿上的鐵架，開始學習走路。十三歲時，她發展出一套連醫生都認為是奇蹟的節奏性步法，並決定自己要成為一位跑者。

於是威瑪開始參加田徑比賽，連續好幾年的名次都墊底，直到有一次她終於贏了！一次之後，接著又一次。自從那時起，威瑪贏得每一次的比賽。這位人們曾說可能將無法再走路的女孩，陸續贏得三面奧林匹克金牌。

威瑪．魯道夫為什麼能達成心中的願望？

因為她心裡所想所思的都是要**對得起**自己，她堅信母親的教誨。威瑪說道：「母親在我年幼時就告訴過我，要相信自己定能夠成就任何目標，而對我來說，第一件事就是學會不靠支架走路。」除了堅信母親的話以外，威瑪不畏艱難地為自己

的志業付出，因此才得以獲得勝利的回饋。她不去想自己有什麼障礙，而是想該如何克服障礙，去打破人們所謂的詛咒。

這是多麼強大的心靈力量啊！這些人擁有多堅強的意志力啊！你呢？你也要奉獻自己的生命，用這種無可比擬的力量與信心，去創作屬於你的真實傳奇。

名人語錄

穿越命運的旅程很孤單，但是你終究會走出一片天。

——美國作家，亨利・大衛・梭羅

我們熱愛世界時，才活於世界上。

愛是人的基本所需，人唯有在愛人與被愛過程中，才能感受到自己存在的意義。工作則是成就感的來源，因為它證實自己存在的價值。這兩項是缺一不可，如果人少了這兩項的其中一項，都會為生命帶來無窮盡的苦痛。

有時你會覺得，生命要擁有得越多才會開心，假如你覺得錢不夠用，你便認為有錢才會讓你開心；假如你覺得自己沒有成就，你便認為有了成就你才會開心。人們總覺得擁有越多的好東西，這個世界才能夠稱得上美好。但是當人們擁有得越多，就越害怕失去。

世界並非全由美好的事物所組成，就像回憶固然動人，你不能只要求甜美的畫面，而忘卻背後的一段悲傷情節，因為缺少這個過程就無法換來真正的感動。沒有

別離，就不會有重逢的美好。沒有疾病，就不曾知道健康的可貴。如果你願意用平等的熱情去對待生命的每一刻，不要因為失意就心灰意冷，相信一切是人生必經的路程，仔細琢磨眼前的困境所代表的意義，那麼你就能把挫敗轉換為振作的動力。

就在你熱愛這個世界時，全心全意地去接受生命裡各種不同的事物時，方能算是真正地活在這個世界上。

對這個世界缺少熱情的人，他會如何看待這個世界呢？我想，他對這個世界發生的任何事情都不感興趣，當然也不會想要去改變這個世界。這樣的生命對他而言就是裹腳布，又臭又長，這樣的人算是真的活在這個世界上嗎？這樣的人活著恐怕也是生不如死。

生命是否有意義，並不全然在於獲得或擁有什麼，而在於我們怎麼看待自它。

自由無關乎環境，而是你的態度。

一個人如何看待自己的生活，決定了生活本質。

我有個朋友喜歡出國玩，他把每年的特休假全用在出國旅遊上。但除了出國旅遊的那八天之外，我總是聽他在抱怨自己的工作，每天想著怎麼挨過白天的時間，趕快下班。如此看來，他一年只活了八天，一年之中，他最美好的回憶就這八天，其餘的日子對他而言，不過是一天又一天無趣的上班日。

心理學家佛洛伊德（Sigmund Freud）曾說過：「人生有兩件重要的事情，就是愛與工作。」

愛是人的基本所需，人唯有在愛人與被愛過程中，才能感受到自己存在的意義。工作則是成就感的來源，因為它證實自己存在的價值。這兩項是缺一不可，如果人少了這兩項的其中一項，都會為生命帶來無窮盡的苦痛。顯然對我那個愛出國的朋友來說，他的工作不能帶給他成就感，它只是一種謀生的工具。我們當中定有許多人像他一樣，深陷這樣的生活泥沼之中，出國這八天之所以快樂，不是因為旅遊有多精彩，而是這八天可以讓他暫時擺脫討厭的工作。

人總覺得現實是無奈的，生活常常是無可奈何的，我卻認為這麼想的人是缺乏嘗試的勇氣，缺乏堅持自我的韌性。

作家杏林子（本名劉俠）十二歲就罹患類風濕性關節炎，她得眼睜睜地看著自

己慢慢地失去行動的能力。杏林子曾灰心地想，不如就這麼頹廢地等待死亡降臨吧，但就在等待的過程裡，她找到了支撐自己的信仰。她從信仰中體會到一件事：每一個生命，不管是老弱傷殘或貧富貴賤，都是珍貴的，每一個生命都有其特定的價值！

於是杏林子開始寫作，她在腿上綁了一塊木板，就這麼吃力地寫著。她依然可以做自己想做的事情，杏林子的作品《杏林小記》、《生之歌》以及《生之頌》，無不見證了她樂觀的生命力量。所以選擇一份自己想做的工作、做自己想做的事情沒有你想像得這麼難，重點在於你願不願去做而已，以及你願不願堅持下去，直到你的目標完成為止。

比起柔軟的床鋪，安穩的心更能助你入眠。

當你對世界感到厭煩，你便覺得活在世上沒有意義，就算吃著美食也味同嚼蠟，躺在柔軟的床鋪上亦不能安睡，雖然早晨的陽光和煦，你卻完全提不起勁，對於世界上其它的人事物都不關心，只活在自己的天地中。

心理學家榮格曾說：「我有三分之一的病人都無法找到任何醫學上的病因，他們只是找不到生命的意義，而且自怨自憐。」

你要設法不讓自己的生命盪入如此的深谷，你該試著去和別人接觸，從幫忙別人的過程中感染他們的快樂，而且你會發覺自己好像有精神多了。當你幫了別人一個忙，某個因緣巧合下，別人也會回報你。當你讓人們由衷地感到快樂，他們也會幫助你，你就更覺得快樂而想要去幫助更多的人。這樣的好事積少成多，也許就會因此引發你生命中的「蝴蝶效應」，一個微小的快樂就讓生命全然改觀。

孔子曾說道：「莫因惡小而為之，莫因善小而不為。」

別因為事情是大是小而有差別待遇，你要看事情的本質，再微小的錯事還是一件錯事，總是會帶來不好的影響。但一件好事那怕僅是舉手之勞，只要對別人是有幫助的，都值得去做。這些發生在生命中的每件事，不管大小，都牽動著你的人生發展，切莫輕忽。

一日，有位修行人到花蓮的一家醫院探訪弟子的父親，無意間見到地上有一灘血。她詢問旁人這灘血究竟是怎麼回事？人們告訴她，有一位原住民婦人被人抬了

八個小時，好不容易到了醫院，卻因為繳不起錢而被醫院拒收，最後又被抬走時所留下的一灘血。

在此事件後，這位修行人決心在花蓮創辦醫院，讓當地貧困的民眾可以接受醫療資源。這位修行人便是證嚴法師。她召集弟子們向民眾勸募小額捐獻，一步一腳印，建立了慈濟醫院。一個人的善念，帶來的效應往往超乎想像，它所引起的漣漪是一圈又一圈，可以影響許多人。

千里之行，始於足下。

你可以從小做起，請你開始向遇到的人們打招呼，然後在日常生活中，別刻意地挑剔人們的錯誤，之後才是去點數自己的福分。想想你能夠為這個世界盡多少心力！只要這麼去想，你就會發現，就算你無法得到別人的回饋，又有什麼關係呢？因為你盡心盡力做事的當下，你的憂慮與自憐就無影無蹤。

英國文人塞繆爾．詹森（Samuel Johnson）說：「**感恩**是教養的產物，你不可能從一般人的身上得到。」他說的對，感恩之心確實來自於一個人的家庭，它是出於家長的身教與言教，所以父母應當教育孩子，要時常感念他人對自己的善意與幫助，並藉此感恩之心，學習去幫助他人。

如果你能好好地享受助人的喜悅，用心地感知自己身處的世界，並且別經常計算煩惱，少發怨言。你就會慢慢地發現，其實有很多大大小小的事情能夠改變你的生活，重新愛上這個世界並非難事。

名人語錄

熱心易發，恆心難持。

——臺灣宗教慈善家，釋證嚴

讓生命的空白留在原處，因為樂聲就來自空白的深度。

一個人是徒步走在人生的單行道上，沒法倒退走。遇到人生的障礙，再多的埋怨與憂鬱也只會讓你停滯不前，在你走出下一步之前，就只能繼續沉浸在傷痛之中。人性是軟弱的，你懼怕許多事物，特別是未知的明日。但唯有你直視自己所懼怕的事物，懼怕才會消失；唯有你鼓起勇氣來面對這些事情，人生才能往下走，繼續前行。

失意的時候，人們常會心生「我的人生變得空洞且無意義」的念頭。有些人會耽溺於酒精之中，有些人依靠藥物，有些人以網路來填補內心的空洞。他們就這麼地荒廢度日，以為能藉此填滿生命的空白，卻只有讓生命更加空白。

用不著試圖彌補生命的空白，因為樂聲就來自於空白的深處。人生於世，不斷地追求物質的滿足，把生活填塞得滿滿，卻很少有時間靜下來喝杯茶、看看周遭的風光，或是面對自己、聆聽內在的聲音。

我有這麼一位朋友，他大學畢業之後，因為不想工作而跑去念碩士，但是碩士論文一直沒完成，學業與事業兩頭都沒著落。一晃眼，他已經過了四十歲，頓時感覺人生無望，每日待在家裡無所事事，長期吞食安眠藥助自己熟睡，躺在床上任時間流逝。

他說了一句讓我印象深刻的話。他說：「你不了解一個年過四十的男人的內心空白。」

我始終忘不了這句話，之後更是反覆思量，究竟何謂**四十歲男人的內心空白**？聽起來好像這個世界上所有的男人一旦到了四十歲，內心就會自動出現空白似的。但是誰不會經歷四十歲呢？

許多人的四十歲反而是人生的巔峰，是全心全意開拓事業的時候，或是著手組織家庭，建造自己王國的時候。我相信，對這些人而言，他們一定沒有時間去哀嘆四十歲內心的空白這種問題。就算他們的內心真出現了這樣的空白，他們該做的，

不是拚了命地填塞它，而是重新思考如何用自己美好的生命創造更多。

朋友的話令我感到惋惜，因為他只有聽見生命裡的失敗與沮喪，只是細數自己的種種遺憾。他沒有聽得更深入，他還停留在生命的表層。如果他願意撥開這層痛苦，靜下心來傾聽，也許就能聽到自己心底的美好樂聲。

失去了一切，剩下的就只是勇敢。

雪兒．史翠德（Cheryl Strayed）在她的著作《那時候，我只剩下勇敢》裡描述，自己藉由橫越太平洋屋脊步道的孤獨旅程來療癒內心的傷痛，那個時候，她失去了摯愛母親。我想，雪兒當時所承受的傷痛，一定不亞於我這位四十歲的朋友所謂的內心空白。但是雪兒挺身去面對，是她將自己從毒品與放蕩的生活中拖出來，是她重新給自己一條活路。

她找到了內心深處的美好樂聲。

以下我引述一段雪兒在脫口秀上的專訪內容：「我發現一旦接受所有的難題，其他所有的事就會跟著退讓幾分。每踏出一步，就會引領我踏出下一步，下一個真相也跟隨著自己而被揭開。我們全都會受苦、我們全都會心碎、我們全都會有難題，它們是人生的一部分。光是體會到這項事實，對我就意義深遠。」

接受。

接受絕對是治療傷痛的第一步，也是最重要的一步。這是雪兒在旅行途中所學到的寶貴一課。為什麼這對於治療傷痛如此重要？因為我們若無法視傷痛為人生的一部分，一直想方設法地逃避它，我們就永遠無法進行下一步。對雪兒而言，她時時刻刻都會想到失去母親的悲傷，這種悲傷太過痛苦，苦得她不願面對，所以轉而用毒品來麻痺自己。但是毒品的藥效會過去，悲傷還在，痛苦還在。

依賴毒品，是雪兒的逃避方法。那你的呢？當她意識到自己的人生需要改變時，她選擇站起來，獨自去面對它，她跑到曠野，一個無處遁逃的地方，沒有陪伴也沒有人安慰的地方，任由悲傷與痛苦襲捲而來，一次又一次，直到心靈強壯到可以承受為止。

那你呢？

無論是怎樣的經歷，都只是你人生的一部分。世界上的每一個人都是徒步走在

人生的單行道上，沒法倒退走。遇到人生的障礙，再多的埋怨與憂鬱，也只會讓你停滯不前，在你走出下一步之前，就只能繼續沉浸在傷痛之中。

其實，雪兒．史翠德的這趟徒步旅程，其意義就像梭羅所謂的「穿越命運的旅程」。這趟旅程很孤單，多數的時間裡，你必須自己面對與解決問題，忍耐著艱辛與寂寞。但是當一個人終於能夠勇於面對內心的恐懼與痛苦之後，就會體認到生命裡頭最真實美好的一面。沒有經歷過這趟痛苦的旅程，你無法放下傷痛，重新展開自己的人生。

我那個朋友啊，如果有哪天願意鼓起勇氣——無論是深思熟慮或是突然湧起一股衝動——就走出去，走出去面對自己，我想他會發現，當一切都已失去，難以撫平的傷痛都已經歷過了，人生到底還有什麼可懼怕的呢？

或許又可以這麼說，當你經歷生命中最深的創痛後，再遇到什麼打擊也不這麼痛了，這樣的你反而更勇敢。正如馬克．吐溫（Mark Twain）說的，真正勇敢的人不是沒有恐懼，而是能控制恐懼。

人性是軟弱的，你懼怕許多事物，特別是未知的明日。但唯有你直視自己所懼怕的事物，懼怕才會消失；唯有你鼓起勇氣來面對這些事情，人生才能往下走，繼續前行。

生命因欠缺而美好。

海倫．凱勒（Helen Adams Keller）說：「如果人生沒有需要克服的障礙，這樣的人生經驗就缺少克服障礙後的喜悅。就像沒有跋涉過黑暗的山谷，到達山頂時就會少了一半的美妙。」不少人都認為這只是安慰的話語，但人生確實就是如此，沒有經歷過七苦八難，一個人的生命能量從何喚起？

成功，並非自安逸的環境中誕生的，是你必須不斷地挑戰自我極限，直到成功為止。只要你仔細去觀察那些有成就的人，就會發現，他們的成功多是因為缺陷激發了他們的潛能。換句話說，如果一個人的生命裡沒有這些障礙，他怎麼會激勵自己去獲得更大的成就呢？因此跨越層層障礙而得來的成功，比起一帆風順的勝利，更叫人珍惜！

沒有貧窮的過去，就沒有家財萬貫的王永慶；沒有失學的經歷，就沒有揚威國

際的航太科學家劉漢壽。這些例子不勝枚舉，因為穿越障礙所獲得的成功，就是人類勇於挑戰極限的證明。因為得來不易，所以人們更加珍惜自己所擁有的一切，因為得來不易，人們鼓勵後進勇於挑戰。

請你不要試圖以毫無意義的事物來填塞生命，就讓生命的空白留在原處，因為生命的每一分每一秒都值得你認真對待，畢竟分分秒秒都是逝去就不再。

暢銷作家路易斯．拉摩（Louis L'Amour），在第一次撰書時被出版社退了三百五十次稿。我猜想，每次被退稿後，路易斯大概是生氣地把稿件丟置一旁，但是沒過多久他就會再度拾起，認真地思考稿件究竟有什麼問題、有什麼不足之處，才導致它又被拒絕。被拒絕了三百五十次，路易斯應該就切切實實地修改了三百五十次吧。因為一份作品經過如此的千錘百鍊，自然會變得更好，而路易斯的寫作技巧也因為這個過程登峰造極。

遭遇失敗時，會生氣沮喪是在所難免的，但是在你考慮放棄二字時，你要格外慎重，畢竟你可能就此錯失了成功的機會，而這個機會是你必須努力很多次之後才會顯現。所以，不管是面對任何的挫折，你都不該用消沉的做法來填塞生命，當你這麼做的時候，你所經歷的挫折就失去了它僅剩的一點價值。請你停下腳步，靜下心，側耳聆聽生命最深處的美妙音樂，那就是你未來的希望。

名人語錄

人需要的不是「逃避的出口」，而是「面對的入口」。

——美國作家，雪兒・史翠德

決不要害怕剎那——永恆之聲這樣唱著。

人身體的苦痛是短暫的，隨著死亡就會消失的。但人所留下的美麗是永恆的，真正美麗的事物會留在永恆裡，長久地流傳在人的心中。人費盡心思讓壽命延長，無非只是希望能與所愛再相處久一點，但如果平時都無法真心對待他們，那生命延再長又有何用？

不要害怕剎那，因為會留下經典。

永恆，是由每一個**現在**砌疊而成的。印度的重要經典《佛說阿彌陀經》這麼說道：每個人短暫的生命，就如同恆河裡的一粒沙，從恆河中抓起一把沙，就會有無數的沙從指縫中流逝。比起恆河這條永恆的河流，人的生命不過就是剎那，一轉眼就消逝了。對生命中短暫的苦難或執念，人若如此牽掛而放不下，豈不可笑。

相較於永恆，你不該害怕顯得如此短暫的片刻，因為那些過得去的、過不去的，終將過去。不管你活得多麼長壽，也會過去，但是有什麼會在生命過去之後被留下呢？或者說，你該問自己，當生命逝去之後，你希望留下什麼？

在有限的生命裡，創造永恆。

印象派畫家雷諾瓦（Pierre-Auguste Renoir）晚年不堪關節炎的折磨，必須依靠特製的輪椅。那時同是畫家的馬蒂斯（Henri Matisse）經常上門拜訪，他看到雷諾瓦每天都強忍著痛苦不停地作畫，忍不住問道：「你都已經痛成這樣了，為什麼還堅持繼續畫下去！」

雷諾瓦回了馬諦斯一句：「痛苦會過去，美會留下。」

之後，雷諾瓦仍是每日努力不懈地揮動畫筆。這句話深深震撼了馬諦斯，他開始更積極地作畫，留下許多令人驚嘆的畫作。

對我來說，雷諾瓦擁有偉大的靈魂，因為他的心靈從沒有被磨人的病痛扭曲，依舊清澈純淨的如他畫筆下的色彩一般。雷諾瓦相信，他現在所承受的一切苦痛，

都會隨著身體消亡後消失，但是他心中所感受到的美麗，卻能透過畫筆永遠留下。若他不能趁著還能作畫的時候留下這些美，他將隨著身體的死亡與苦痛的了結而永遠磨滅。雷諾瓦想必清楚，再怎麼難受也沒有多長時間，了不起忍耐個十年二十年，但畫筆下的美麗不必跟隨他入土長眠。

人終將入土。

倘若你知道，身體的苦痛是短暫的，隨著死亡必然消失，但你所留下的美麗是永恆的，它會隨著時光而流傳下去。這樣一想，又有怎樣的磨難，是你不能忍受的呢？你要接受無法避免的事實，然後從最壞的情況中去謀求改進，不要害怕歲月的流逝，而是專注地去思索自己已經完成了多少的事。

再怎麼說，有意義地過一天，就強過無所用心地過一生。

生命的美好在於深度，而非長度。

據說，人之將死，他一生中所經歷過的一切就會快速地從眼前閃過。我在想，若到了這個關頭，瀏覽過自己的一生，我的心裡是充滿踏實感的，我唯一的念頭是自己也算是跟老天爺交差了，接下來就好好休息吧，那麼這樣的一生是多麼地有意義啊！

要想獲得這樣豐盈的人生，我就得善用每一天、全心全意地過日子，努力與生命中重要的人共同創造美好的回憶。我必須珍惜自己所愛的人，不要輕易說出傷害他們的言論，或是做出會讓自己後悔的事情。我應該用這樣的美好回憶來增加生命的精采度，而非想盡辦法延長生命。

長壽之於一個人的意義，不僅僅是存活的時間延長而已，它是人類對於延長美好光陰的渴望。對一個終日活在痛苦深淵的人來說，他希望的是快點解脫，不要繼續在這個世界多活一天，對這樣的人來說，他怎麼會渴望長壽呢？因此，生命的最終課題，應該在於如何讓它變得更加精彩，而這取決於一個人有沒有一顆熱愛生命的心。

擁抱自己的生命吧。

你與我都一樣，要讓生活再過得充實一點，要對周遭的人再好一點，如此一來，即使生命只剩下一天，也能在滿懷愛和美的時候結束。人費盡心思讓壽命延

長，無非只是希望與所愛再相處久一點，但如果平時都無法真心對待他們，那生命延再長又有何用？

名人語錄

痛苦會過去，美會留下。

——法國畫家，皮耶・奧古斯特・雷諾瓦

塵土受到損害，卻以她的花朵來報答。

一個人於一天中所做的任何事情，就像碗豆一樣撒出去了。有些會成功，有些會被人毀了，而有些則會真正地發揮效果，在未來的日子中開花結果。想要每顆碗豆都歡喜的待在舒服的豆莢裡，是不可能的事，它們時間一到就要彈出去，面對這個未知的世界。

每天早晨睜開眼睛時，在展開新的一天之前，你期待這是怎樣的一天呢？在一天結束之後，回想過去這一整天時，你又有怎樣的感覺呢？

也許你覺得「今日」與「昨日」沒什麼差別，在「昨日」發生的事情，「今日」照樣會發生，因此你將希望放在未來，期許未來會有一些改變。但是你不該忘記，「明日」是由「今日」與「昨日」所決定！我們唯一能掌握的只有今日而已，

未來就像遙遠的風景般模糊不清。

當你覺得人生被許多意外擊得千瘡百孔時，請不要憂慮。人生如塵土，沒受到一點開墾所帶來的損害，如何播下種籽，種籽又如何長成花朵，回報予人？

無論今日再難再苦，今日就只是一日。

蘇聯作家蕭洛霍夫（Mikhail Aleksandrovich Sholokhov）在《新墾地》一書的開頭描述了這樣的場景，一位農夫對著冰封的大地說道：「這片土地如果沒有犁開，是種不出東西來的。」

農夫期望看到的是金黃麥穗搖曳的姿態，但他知道這畫面是屬於未來的，今天的他必須艱辛地用鐵犁鬆開硬土，播下種籽，一步一步的，毫不懈怠地工作，才可能成就自己的夢。雖然人人心知肚明，不是努力就能取得收穫，因為天有不測風雲，在奮鬥的過程中只要有一日的壞天氣，就可能毀了我們所有的付出。然而，農夫懷抱的這畫面讓他充滿希望，讓他知道可以繼續努力下去。不管過去發生什麼，不管未來會如何，只要他面對眼下的這片土地，他就必須用鐵犁鬆開這片硬土。

如同這位農夫，無論未來會是何種畫面——也許是美好的，也許是悲慘的，也許什麼都沒有——我們面對每一個「今日」，都要奮力地用鐵犁鬆開「今日」這片硬土，努力地過好今日，因為今日就是一切的開始。

我相信你也有這樣的經驗，某日早晨，躺在床上的你突然覺得無法面對自己的生活，認為自己做再多的努力也毫無益處。生理與心理皆有如千斤重，連坐起身都覺困難。請你將自己的生活想像成土地吧！縱使你今日的任何努力僅能鬆開這片土地的一小角，造成一丁點的改變，但只要持續下去，不論多硬多廣的土地終能全數開墾。

若以「勞退新制」來說，台灣的每位勞工持續工作二十五年之後，即可領一筆退休金。於是人們開始計算，發現自己還要工作十幾二十年，才能過上理想的生活，心中便覺得煩躁不堪。這種時候，我總會想起電影《亂世佳人》裡的郝思嘉，當家園被戰火蹂躪，一切百廢待舉，感覺再怎麼辛勤地工作也不可能改變未來時，她只是聳聳肩地對絕望的奴僕說：「別擔心，明日又是另一天。」

沒錯，如果所思所想的都是未來還有許許多多的事情等著自己去做，再有勇氣

的人也會害怕。

世上沒有一個人可以一眨眼就把所有的事情做完，每個人都是做完今日該做的事情。無論今日再難再苦，只要過完今日，今天就只是一日。所以你不該憂慮過去，也不要常去幻想未來，而是要專注地想著：我應該怎麼把「今日」這片土地的活兒做完。

路就是路，你該做的就是走下去。

我年幼時讀過安徒生（Hans Christian Andersen）的《碗豆的故事》，那時不太明白這故事究竟有什麼了不起的寓意，後來書讀得多了，我悟出一個道理，一個真正厲害的作家，他所創作的故事是深入淺出。

有個豌豆莢裡頭有五顆個性迥異的豌豆，它們因緣際會來到一位男孩手中。男孩將碗豆塞進玩具手槍裡當子彈玩，於是豌豆們展開了各自的旅程，其中只有一顆落了地，長成了帶給人們幸福的豌豆花。

這便是際遇。

每個人都像這豌豆一樣，你永遠不知道自己會落到哪兒，最後會長成什麼模樣，重點是要享受旅程的風光、認真地過活。若是在水上漂流，那就愉快地唱歌吧！若是被鳥兒吃掉，那就隨著鳥兒暢快地飛翔吧！雖然只有一顆豌豆長成豌豆花，但其它的豌豆也同樣地快樂，它們看到了自己想看的風景，過著自己想過的生活。世上沒有人規定，怎樣的命運才是好命運，好命不好命，在於你過程中懷抱著怎樣的心情去生活。

換個角度來說，你在一天中所做的任何事情亦如同這五顆撒出去的豌豆，有些事情會成功，有些則被他人毀了，但有些事情會真正地發揮效用，在未來的日子裡開花結果。

每個人都喜歡窩在舒適圈裡，就像每顆豌豆待在豆莢裡，溫暖又舒服。但這是行不通的！只有死掉的豌豆才會一直待在豆莢裡，時間一到它就要彈出去，獨立面對廣大未知的世界。

無論你正走在哪條路上，你都毋須畏懼。因為沒有哪條路才是正確的，路就是路。人生的旅程裡，你也許會遭受打擊而被迫離開安定的軌道，它們看似破壞了你

的整個生活，但這也意味著你獲得一個嶄新的開始。你要大步地往前走，走向未知，並於過程中反覆地提醒自己要活得開心、活得有意義。說不定當你實現內心想望的精采畫面時，你反而會非常想念這段汗水與淚水滴落於地的艱辛。

名人語錄

雖然我不相信沒有種子的地方會有植物冒出來，但是我對種子懷有大信心。若能讓我相信你有一粒種子，我就期待你有奇蹟的展現。

——美國作家，亨利・大衛・梭羅

只管走過去，不必為採花保存而逗留，因為一路上花朵自會繼續綻放。

為了要留住這樣的美，硬是以人為的努力來延長美麗的時刻，原本純真自然的本性也在這樣的思維下扭曲了。人在獲得的同時，就應該會想到有失去的一天，人在失去的同時，也不要嘆氣，因為得與失原本就在一念之間。

人人皆希望自己可以抵達理想的目的地，但是半途中不免被阻礙給絆住。許多人會就此停下腳步，無法繼續前進。

只管走過去。

泰戈爾的這句話既是勸勉，亦是安慰。有些人之所以不能繼續前進，是因為他們過於眷戀眼前的成功，他們沒有想到，比起失敗，自滿才是困住他們的陷阱。有些人之所以不能前進，則是因為他們耽溺於美好的記憶，他們過於眷戀過去，心裡

所想的盡是昔日的美麗，所以他們不敢往前。

以下，我就這句話的兩種意思，說說自己的想法。

你要克制欲望。

自滿，易使人們停下腳步，一個自滿的人總是忙著攬鏡自照或者恥笑別人，忘記身後馬不停蹄地趕上來的人。

你要告誡自己，不要為了獲得人們的喝采而逗留於半路，或是貪戀途中美好的風景而停下腳步。因為人是應該不斷地向前的，人應該不斷地朝著自己的目標努力！只要你盯著目標，心無旁騖地朝它邁進，一切美好的事物自然就會累積，你所獲得的成就也會越來越大。反之，當你心心念念地想保留一切美好的事物，則越容易失去它們。

想想耳熟能詳的故事《龜兔賽跑》吧。故事裡的烏龜最終贏得比賽是因為僥倖嗎？也許是吧，畢竟如果不是兔子的大意輕敵，烏龜可能就不會成功了，但我更傾向於這麼思考——烏龜正是看準了兔子驕傲的性格，烏龜贏在知己知彼。牠不畏於自己緩慢的速度，牠一步一腳印地爬到終點，牠贏在堅持到底的毅力。

基督教的經典《聖經》告誡人們要特別注意三件事情，不可沉溺其中。這三件事情分別是，肉體的情慾、眼目的情慾以及今生的驕傲。其中「今生的驕傲」就是，人對自己在今生的成就感到自傲。我認為，一個人應該要將自己視為《龜兔賽跑》裡的烏龜，看清自己的能力、了解自己的目標，然後什麼都別管，也不去想是否有勝利的機會，就只是往前走。

有的時候，真正會成功的人，不一定是那些最聰明或者最有能力的人，反而是那些能夠克制自我欲望的人。

《先別急著吃棉花糖》一書提及心理學家米歇爾（Walter Mischel）的一項研究，米歇爾曾以六百多位的四歲兒童作為研究對象，他告知每一位孩子，自己得離開房間十五分鐘，而在他離開的這期間裡，如果誰可以忍住不吃眼前的棉花糖，他會再多給這位小朋友一塊棉花糖。結果每三個孩子之中就有兩個會吃了棉花糖，而剩下的那個孩子會看著棉花糖，把棉花糖往後推，甚至是舔上一口，但他就是不會吃掉它。

米歐爾從後續的追蹤研究發現，這些不急著把棉花糖吃掉的孩子，在四歲時就具備了成功的必要條件，那就是自律，也就是「延遲享樂」的能力。這些四歲時沒吃棉花糖的孩子，他們入學測驗的平均成績比吃了棉花糖的孩子高了兩百多分，他們的人際互動良好，而且適應力強，更善於自我控制。相較之下，吃下棉花糖的孩子許多日後都沒能上大學，又或者從事薪資微薄的低階工作，生活入不敷出，真正成功的人只占少數。

如果你一味地沉溺於短暫的成功所帶來的喜悅，像那些立刻吃下棉花糖的小孩一般，無法控制自己，那你又如何能去追求成功呢？你要將「失敗」想像成一頭時刻在後面追趕的兇猛獅子，只要回頭就會被牠吞噬，所以天一亮，你就要努力地向前奔去。

美好終將凋零。

對於生命中美好的一刻，有些人是過於執著，不肯放下，他們將餘生的精力都拿來**期待**，期待自己能夠重現過去的美好。

比方說好萊塢的童星，他們年幼時就名利雙收，稚嫩的模樣讓眾人為之著迷。但隨著年齡漸長，清新的模樣不在，這時候媒體總會以「崩壞」兩字來形容成年的他們。其中有些人會努力複製過去的美好，但因為實在太難做到，於是藉由菸酒與毒品麻痺自己。

其實這對他們是極度不公平的。畢竟發生在他們身上的，不過是一件極為自然的事情，人都會長大，人都會老去。苦心竭力地去保持屬於昔日的美好，對任何人而言，都是苦不堪言。

老子在《道德經》寫道：「天下皆知美之為美，斯惡已。」

這句話的意思是，天下人都執著於追求「美」，這樣就不美了。不是因為事物的本質不美，而是人的執著讓它不再美了。例如人為了要留住美，硬是要以人為的努力來延長美麗的時刻，原本純真自然的本性也在這樣的思維下扭曲了。人在獲得的同時，就應該會想到有失去的一天，人在失去的同時，也不要嘆氣，因為得與失原本就在一念之間。

無論你的人生中究竟經歷了多少不幸，或者曾有多少美好的事情發生，它們都

是人生必經的過程。不幸終究會過去，再怎麼令人眷戀的曾經也已經過去。你所要做的，就是順著人生的道路往前走，以一顆開闊的心面對路途上必經的順境與逆境，屆時你會發現，生命中處處有驚喜。

名人語錄

黑夜再長，白天總會到來。

——英國劇作家，威廉・莎士比亞

國家圖書館出版品預行編目資料

一句話，讓你重新再出發：泰戈爾給你的5堂人生課 / 黃德惠 著. -- 初版. -- 新北市中和區：啟思出版, 采舍國際有限公司發行 2015.11 面； 公分

ISBN 978-986-271-654-0 (平裝)

1.人生哲學

191.9　　104022039

"We live in the world
when we love it."

一句話，讓你重新再出發

泰戈爾給你的5堂人生課

一句話，讓你重新再出發

～泰戈爾給你的5堂人生課

出 版 者 ◤啟思出版
作　　者 ◤黃德惠
品質總監 ◤王寶玲
總 編 輯 ◤歐綾纖
文字編輯 ◤孫琬鈞
美術設計 ◤蔡億盈
內文排版 ◤新鑫電腦排版工作室

郵撥帳號 ◤50017206 采舍國際有限公司（郵撥購買，請另付一成郵資）
台灣出版中心 ◤新北市中和區中山路 2 段 366 巷 10 號 10 樓
電　　話 ◤(02) 2248-7896　　傳　　真 ◤(02) 2248-7758
I S B N ◤978-986-271-654-0
出版日期 ◤2015 年 12 月

全球華文市場總代理 ◤采舍國際
地　　址 ◤新北市中和區中山路 2 段 366 巷 10號 3 樓
電　　話 ◤(02) 8245-8786　　傳　　真 ◤(02) 8245-8718

全系列書系特約展示
新絲路網路書店
地　　址 ◤新北市中和區中山路2段366巷10號10樓
電　　話 ◤(02) 8245-9896
網　　址 ◤www.silkbook.com

線上 pbook&ebook 總代理 ◤全球華文聯合出版平台
地　　址 ◤新北市中和區中山路 2 段 366 巷 10 號 10 樓
主題討論區 ◤www.silkbook.com/bookclub　● 新絲路讀書會
紙本書平台 ◤www.book4u.com.tw　● 華文網網路書店
電子書下載 ◤www.book4u.com.tw　● 電子書中心 (Acrobat Reader)

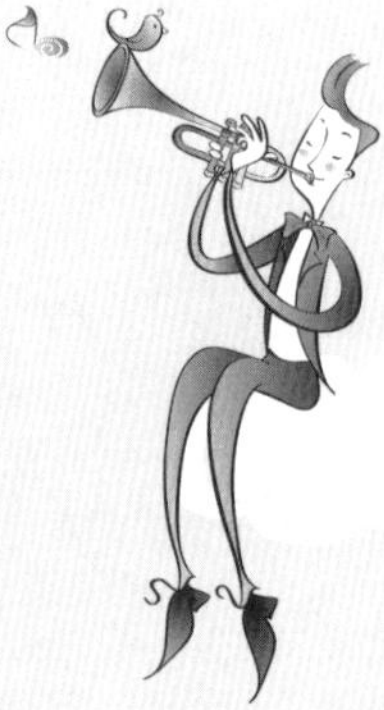